KB036532

할 말 제대로 하는
10대들의 대화력

청소년이 배워야 할 스마트한 말 습관

할 말 제대로 하는
10대들의 대화력

펴낸날 2024년 6월 10일 1판 1쇄

지은이 강요식
펴낸이 김영선
편집주간 이교숙
교정·교열 정아영, 나지원, 이라야
경영지원 최은정
디자인 정윤경
마케팅 조명구

발행처 ㈜다빈치하우스-미디어숲
출판브랜드 미디어숲
주소 경기도 고양시 덕양구 청초로 66 덕은리버워크지산 B동 2007호~2009호
전화 (02) 323-7234
팩스 (02) 323-0253
홈페이지 www.mfbook.co.kr
출판등록번호 제 2-2767호

값 17,800원
ISBN 979-11-5874-221-8 (43190)

㈜다빈치하우스와 함께 새로운 문화를 선도할 참신한 원고를 기다립니다.
이메일 dhhard@naver.com (원고 및 기획서 투고)

청소년이 배워야 할 스마트한 말 습관

할 말 제대로 하는
10대들의 대화력

강요식 지음

미디어숲

마음과 생각을
담는 그릇, 언어

10대 청소년기는 인생에서 말 습관이 형성되는 중요한 시기다. 많은 학생이 비속어나 줄임말을 입에 달고 살기도 하고, 말하고 싶은데도 선뜻 어떻게 말해야 할지 몰라 입을 다무는 경우도 많다. 온라인 속 SNS 대화에 익숙해질수록 직접 얼굴 보고 나누는 대화에 어려움을 느끼고, 자신을 표현하는 데 서투른 학생도 늘어나고 있다.

따라서 성장기 청소년들을 위한 대화의 기법과 소통의 비결 등을 다루어 보았다. 디지털 가상 공간이 아니라 실제 현실의 사람과 어떻게 인사말을 건네고 상대방의 말을 이해하고 자신이 전하고자 하는 메시지를 효과적으로 전달할 수 있는지를 알려 준다. 소크라테스나 카네기, 링컨과 같은 역사 속 위인들의 실제

사례를 통해 청소년들이 흥미로우면서도 알기 쉽게 대인관계의
기본을 습득할 수 있도록 돕는다.

　프랑스 대문호 빅토르 위고는 "언어가 곧 힘이다."라고 했다.
말은 곧 어떤 사람의 능력이나 역량을 의미한다. 말을 잘한다고
해서 능력자라고 단언할 수는 없지만, 말은 사람에게 가장 중요
한 소통의 수단이기 때문에 이를 잘 구사하는 사람이 좋은 평가
를 받기 마련이다.

　가장 쉬우면서도 어려운 것이 말이다. 우리는 태어나 숨이 끊
어질 때까지 말을 하고 살아간다. 말 한마디가 얼마나 소중한가
를 누구나 직·간접적으로 경험한다는 점만 비춰봐도 알 수 있
다. 그런데도 정작 말의 중요성을 깊이 있게 생각하고, 말을 잘
하기 위한 특별한 훈련을 한 적 있는가. 대부분 없을 것이다.
　중국 당나라 때는 인재 등용의 기준이었던 신언서판身言書判의

언틈, 즉 말을 통해 인물을 평가하기도 했다. 말은 화자의 인품, 예의, 지식, 믿음, 신뢰 등을 판단하는 척도가 되기 때문이다. 따라서 어떤 태도와 자세로 어떤 말의 내용을 조리 있게 표현하느냐에 따라 상대방의 평가가 달라지기도 한다. 따라서 생각 없이 말한다면 결국 상대방으로부터 좋은 평가를 받지 못할 것이다.

그렇다면 말을 잘하는 사람들의 공통점은 무엇일까. 바로 말하는 사람이 기준이 아니라, '듣는' 사람이 기준이라는 것이다. 듣는 이에게 맞추어, 듣고 싶은 내용을 쉽고 명확하게 전달하고, 유익한 정보를 제공하며 여기에 재미까지 더한다면 그야말로 금상첨화다.

이 책에서는 어떤 위기의 상황에서 재치 있는 말로 전화위복의 반전 효과를 얻은 사례들을 소개한다. 이런 반전 효과의 사례들에 대해 재독, 숙독을 통해서 '자기화'하는 노력을 기울인다면 말에 대한 자신감이 생기고, 말을 잘하는 사람이 될 것이다. 스포츠의 기록 경신을 위해 연습만 한 무기가 없듯이, 말 잘하는 무기 역시 '연습'이다.

말은 입에서 언제든지 나갈 준비가 되어 있다. 일상적인 말일지라도 한 단어, 억양, 음색, 음량 등에 따라 전달되는 의미는 크게 달라질 수 있다. 혼자가 아닌 상대를 향한 말이기에 그 당시 분위기, 장소, 관계 등에 따라 달라진다. 또한 말은 머리에 축적된 자신의 경험과 지혜와 지식이 녹아 나오기 때문에 교과서처럼 정해진 것은 없다.

다만 우리는 상대에게 좋은 평가를 얻고, 그래서 자신에게 득이 될 수 있는 말의 '플랫폼'을 자신에게 알맞게 정리할 필요가 있다. 이를 위해서는 첫째, 상대에 대한 배려와 관심사에 중점을 두고, 둘째, 전달하고자 하는 메시지를 간결하고 조리 있게 표현하고, 셋째, 분위기에 맞게 흥미롭고 진중하게 대화를 이끌어 가는 습관을 만들어야 한다. 그러면 말 잘하는 사람이 될 수 있다.

말은 듣는 '상대'가 있다. 같은 말이라도 전달하고자 하는 바에 따라 의미가 달라진다. 말하는 사람의 의도가 정확히 전달되지 않으면 어떤 일이 발생하는가. 바로 오해다. 오해는 또 다른 오해를 불러일으키고, 때에 따라 혼란을 야기하고 분쟁이 발생하고 극단적인 일로 치닫게 된다. '아'와 '어'가 다르다. 상대에게 기분 좋게 말을 건네야 돌아오는 답도 좋은 법이다.

말 때문에 자신과 가족, 지인 또는 제3자와 갈등을 빚었던 일을 회상해 보자. 말 한마디가 상대에게 큰 상처가 될 수도 있고, 큰 위안이 될 수도 있다. 말은 마음과 생각에서 비롯된다. 올바른 마음과 생각을 가지면 말도 긍정적이고, 생산적인 대화로 이어질 수 있다. 반대로 그릇된 마음과 생각을 가지면 부정적이고 비생산적으로 비화될 수 있다.

기왕이면 다홍치마라는 말이 있듯이 상대에게 좋은 말로 칭찬하게 되면, 말로써 손해 볼 일은 없다. 종종 논쟁이 되었을 때 대화에서 꼭 이겨야 한다는 강박관념을 갖고 자신의 입장을 고수하는 것은 결국 지는 게임이다. 대화술에서 말로써 이기려 하지 말고, 말로는 져 주되 실리를 취하는 것이 진정한 승자가 된다.

자신이 평소 쓰는 말이 미래가 된다. 니체의 말처럼 '나의 언어가 나의 세계'가 되는 것이다. 풍요로운 삶을 원한다면 지금 자신의 말 습관부터 다듬어보자.

품격 있고 교양 있는 말로 자신의 세계를 확장하고 더 풍요로운 삶을 일구어 나갈 토대가 될 말 공부를 시작해 보자!

저자 강요식

차례

1장   너의 관심이 나의 마음에 닿을 수 있도록

(4장) 나의 웃음이 너의 가슴을 울리도록

1장

너의 관심이
나의 마음에
닿을 수 있도록

상처 난 자존감은
잘못된 신념에 매달린다

상대방의 생각을 바꾸고자 하는 것은 매우 어려운 일이다. 만약 자신이 옳다고 생각하는 것을 상대방에게 납득시키고 싶다면 그가 그것을 알아차리지 못하도록 재치 있고 민첩하게 처리해야 한다. 영국의 정치가, 필립 체스터 필드는 그의 아들에게 이렇게 말했다.

"상대방을 가르치려 들지 마라. 상대방이 모르는 것이라면 아는 것을 내색하지 마라. 상대방보다 현명해지도록 노력하되, 자신의 현명함을 상대가 눈치채도록 해서는 안 된다."

만약 어떤 사람이 나에게 네 생각과 네가 알고 있는 것이 틀렸다고 말한다면 어떻게 해야 할까? 아마도 이렇게 말하는 것이 가장 좋은 답변일 것이다.

"제 생각이 틀렸을지도 모릅니다. 제 생각이 잘못된 것이라면 그것을 고치고 싶으니 이 문제를 함께 검토해 주실래요?"

말에는 마술적인 힘이 숨어 있다. '그것을 고치고 싶으니 이 문제를 함께 검토해 주실래요?'라고 부탁하는데 싫어할 사람이 어디 있겠는가.

북극권에서 11년 동안 고기와 물만 먹으며 북극 탐험을 했던 캐나다 과학자 스테판슨은 실험을 통해 무엇을 증명하려 했는지에 대한 질문에 이렇게 말했다.

"과학자는 절대로 뭔가를 증명하려 들지 않습니다. 그저 사실만을 알아내려 노력할 뿐이죠."

우리의 사고방식 역시 이처럼 과학적이어야 한다. 자신의 말을 증명하려 목소리를 높이지 말고, 그저 사실을 이야기하면 된다. 아울러 자신의 잘못된 점을 상대방에게 시인하면 절대로 말썽이 일어나지 않는다. 오히려 상대방 역시 자신이 절대적으로 옳은 것은 아니라는 것을 자연스럽게 시인하게 된다.

사람들 중에는 아집에 사로잡혀 있거나 편협한 사람들이 많다. 또한 대다수의 사람은 선입관, 질투, 회의, 두려움, 시기, 자만에 젖어 있다. 그렇기에 사람들은 자기 생각을 고집하고 좀처럼 생각을 바꾸려 들지 않는다. 그러므로 누군가의 잘못에 대해 말하고 싶어질 때는 미국의 역사가 제임스 하비 로빈슨 교수의 말을 기억하는 것이 좋다.

"사람들은 자신이 진실이라고 믿고 있는 것을 결코 바꾸려 하지 않는다. 그러나 그 신념이 다른 사람으로 인해 흔들리게 되면 화를 내며 무슨 구실을 대서라도 그 신념에 매달리려 든다. 그런데 사람들이 중요시하는 것은 '신념' 그 자체가 아니다. 그것은 위기에 빠진 자신의 자존심이다."

누구나 자기에게 잘못이 있는지 없는지는 자신이 더 잘 알고 있다. 단지 그것을 인정하느냐 안 하느냐의 차이만 있을 뿐이다. 따라서 만약 상대방이 말을 부드럽고 수긍이 가게 한다면 스스로 잘못을 솔직히 인정함으로써 자신의 솔직함과 대범함에 긍지를 느낄 수 있다. 그러나 상대방이 강제로 밀고 들어온다면 반발심만 생기고 오히려 저항하게 된다. 따라서 상대방의 잘못을 지적하는 행위는 결코 나에게 이로운 결과를 가져오지 않는다.

젊은 시절, 사교술에 약했던 것으로 알려진 벤저민 프랭클린은 사람을 잘 다루기 위한 기술을 열심히 익혀 마침내 프랑스 주재 미국 대사가 될 수 있었다. 그는 자신의 성공에 대해 이렇게 말했다.

"나는 결코 다른 사람에 대해 나쁘게 말하지 않습니다. 나는 내가 알고 있는 사람들의 좋은 점만 이야기합니다."

타이밍이 중요하다

새벽 3시.

곤하게 잠들어 있던 A 교수의 집에 전화벨이 요란스럽게 울려댔다. 피곤한 중에 잠이 깬 교수가 전화기를 들자 상대방의 거친 음성이 들려왔다.

"이봐요. 나는 당신의 이웃에 사는 사람인데 당신네 개가 짖는 바람에 잠을 잘 수가 없소."

자다 말고 얼떨결에 전화를 받은 교수는 별다른 대꾸 없이 그냥 알았다고만 하고 끊었다.

그다음 날 새벽 3시.

이번에는 이웃집의 집에 전화벨이 울렸다. 곤하게 잠들어 있던 집주인이 겨우 깨어나 전화를 받자, A 교수가 정중하고 부드러운 목소리로 말했다.

"저는 당신의 옆집에 사는 사람인데 우리 집에서는 개를 기르지 않습니다."

우리 집에서는 개를 기르지 않습니다.

'YES'를 이끌어내는
긍정 대화법

상대방과 이야기를 나눌 때, 처음부터 의견이 상반되는 문제를 화제로 삼아서는 안 된다. 상대방으로부터 '네'라는 긍정적인 대답이 나올 수 있는 문제를 골라서 이야기를 시작하자. 한 번 '아니오'라고 대답을 하고 나면 그것을 뒤집기란 매우 어려운 일이다. '아니오'라고 대답해 놓고 상대방의 이야기를 다시 들어보니 '옳다'는 생각이 들지라도 자존심 때문에 그것을 번복하기 어려워하는 것이다.

인간은 감정이 7, 이성이 3이라고 한다. 즉, 이성보다 '감정'

에 의해 행동하기 쉬운 것이 인간이다.

　화술에 능한 사람은 우선 상대방으로 하여금 몇 번이고 '네'라는 말이 나오도록 유도한다. 그러면 상대방의 심리는 긍정적인 방향으로 움직이기 시작한다. 상대방이 처음부터 '네'라는 긍정적인 대답을 많이 할수록 이쪽이 원하는 방향으로 대화를 끌고 가기가 쉬워진다.

　유명한 아테네의 철학자 소크라테스는 결코 상대방의 잘못을 지적하는 일 따위는 하지 않았다. 그는 소위 '소크라테스식 문답법'을 이용하여 상대방으로 하여금 '네'라는 긍정적인 대답을 하도록 만들었다. 상대방이 거듭해서 '네'라는 대답을 하도록 질문을 던지면, 상대방은 처음에 부정했던 문제까지도 자신도 모르게 '네'라는 긍정적인 대답을 하게 된다.

그렇다면 대화의 실마리를 긍정적으로 잡아내려면 어떻게 해야 할까?

이발사가 수염을 자르기 위해 거품을 먼저 바르는 것처럼 대화의 분위기를 부드럽게 푸는 단계를 거쳐야 한다. 설사 그 내용이 진부하거나 무의미한 것처럼 여겨질지라도 핵심적인 대화에 들어가기 전에 대화의 워밍업이 필요하다.

TV의 명사회자들 역시 대화를 시작하기 전에 가벼운 잡담으로 긴장감을 풀고 서서히 분위기를 만들어간다. 상대방이 준비할 때까지 결코 조급하게 서둘지 않는다.

"이름이 어떻게 되시죠?"
"고향은 어딘가요?"

"이곳에 처음 오셨나요?"

이런 질문에는 별다른 의미가 들어 있지 않다. 하지만 이러한 대화가 오가는 동안 대화는 점점 본궤도에 진입하게 된다. 더 나아가 상대방의 진지한 이야기도 끌어낼 수 있다.

특별한 화제를 찾으려 애쓰지 마라. 그저 상대방에 대한 화제로 대화를 시작하면 그만이다. 그것으로 대화의 도화선에 불을 붙이면 된다. 모닥불을 피울 때 처음부터 맹렬한 기세로 타오르기를 기대하는 사람은 없다. 마찬가지로 대화에서도 처음부터 핵심적인 내용으로 들어가려 해서는 안 된다.

'아니요'에게
틈을 주지 마라

　웨스팅하우스의 판매책임자로 일하는 조셉 앨리슨은 담당구역에서 13년 동안이나 제품을 취급해 주지 않던 한 회사에 마침내 모터 몇 대를 팔게 되었다.

　그는 그 제품을 판매하면서 앞으로 수백 대의 주문은 따낼 수 있을 거라는 희망에 부풀었다. 하지만 3주일 후에 전화를 걸자, 그 회사의 수석 엔지니어가 이렇게 말했다.

　"앨리슨, 더 이상의 거래를 할 수 없을 것 같소."

　"이유가 뭐죠?"

　"모터의 열이 너무 심해 손을 댈 수 없을 지경이오."

　"아, 그렇군요. 우리 모터가 열이 너무 심하다면 사용하시기 어렵죠. 전기협회에서 정한 표준치 이상 가열되는 모터는 위험하니까요. 그렇지 않습니까?"

　그렇게 앨리슨은 '네'라는 대답을 유도해 나갔다.

"협회에서는 모터 온도가 실내 온도보다 섭씨 22도까지 높아지는 것은 인정하고 있죠?"

그 질문에 상대방이 두 번째로 '네'라는 대답을 했다.

"그런데 당신네 모터는 그보다 훨씬 더 뜨겁소."

"그러면 공장의 실내 온도는 몇 도나 됩니까?"

"아마 섭씨 24도쯤 될 겁니다."

"그러면 실내 온도에 모터의 열을 더하면 46도가 되네요. 섭씨 46도나 되는 수도꼭지에 손을 대면 당연히 손을 데지 않을까요?"

"물론이죠."

"그렇다면 모터에 손을 대지 않는 것이 낫겠군요."

"당신 말이 맞는 것 같소."

결국 엔지니어는 자기 비서를 부르더니 3만 5천 달러에 상당하는 제품을 주문했다.

상대에게 언어의
우월감을 갖게 하라

사람들은 대부분 상대방을 설득하기 위해 자신의 생각을 강요하고 끊임없이 말을 늘어놓는 경향이 있다. 하지만 그러한 자세로는 생각대로 상대방을 설득하기 어렵다.

만약 상대방으로 하여금 자신의 뜻을 받아들이게 만들고 싶다면, 먼저 상대방이 하고 싶어 하는 말을 모두 할 수 있도록 시간을 주자.

자기 자신에 대해서는 그 누구보다 자신이 가장 잘 아는 법이다. 견해 차이가 있어 중간에 말을 가로막고 싶더라도 절대로 그렇게 해서는 안 된다. 상대방이 충분히 말한 상태가 아니라면 아무리 자신이 좋은 의견을 내놓을지라도 그 말에 주의를 기울이지 않는다. 마음을 열고 참을성 있게 귀를 기울이며 성실한 태도로 응하고, 상대방이 자기 의견을 충분히 얘기할 수 있도록 의욕을 북돋워 주어야 한다.

뉴욕 《헤럴드 트리뷴》지에 구인광고를 보고, 찰스 T. 쿠벨리스는 필요한 서류와 함께 지원서를 제출했다. 며칠 후, 면접을 보러 오라는 통보를 받았다. 그는 면접에 앞서 월가를 돌아다니며 그 회사의 창립자에 대해 이런저런 자료를 모으고 준비한 후 면접에 임했다.

"사장님처럼 훌륭한 분과 함께 일하고 싶습니다. 사장님께서는 28년 전에 속기사 한 명과 함께 작은 사무실에서 사업을 시작하셨다지요?"

성공자들은 으레 지난날의 성공담을 사람들에게 자랑하고 싶어 하게 마련이다. 그 질문에 사장은 450달러와 아이디어만으로 어떻게 사업을 시작하게 되었는지 장황하게 늘어놓았다.

그러니까
나를 말이지~

쿠벨리스는 긍지에 가득 차 지난 시절의 이야기를 들려주는 사장의 이야기를 끝까지 들어 주었다. 이윽고 말을 마친 사장은 그의 경력을 간단히 물어보더니 고개를 끄덕였다. 그가 면접실을 나가자 사장은 부사장을 불러 이렇게 말했다.

"이 사람이 바로 우리가 찾고 있던 사람일세!"

상대방에 대해 혹은 상대방이 가진 문젯거리에 대해 깊은 관심을 표명하면, 그들은 신이 나서 그것에 대해 이야기하게 된다. 이때 귀 기울여 들어주면 그들은 상대를 좋게 생각하기 마련이다.

뉴욕시 미드타인 직업소개소에서 가장 인기가 있는 카운슬러는 헨리에타 G.이다. 물론 그녀가 처음부터 그토록 인기가 있었던 것은 아니다. 처음 몇 달 동안은 자기가 한 소개, 새로운 고객과의 거래, 자신이 성취한 일에 대해 입에 침이 마르도록 자랑을 늘어놓는 바람에 친구가 한 명도 없었다. 그녀는 일은 잘했지만 주변 사람들로부터는 그 성과에 대해 인정을 받지 못했던 것이다.

이후, 자신의 잘못을 깨달은 그녀는 자기 이야기를 덜 하고 대신 상대방의 이야기에 귀를 기울였다. 그러면서 상대방에게도 자랑할 것이 많이 있고, 그들이 자신의 성과에 대해 이야기하는 것을 좋아한다는 것을 알게 되었다.

프랑스의 철학자인 라 로슈푸코는 친구에 대해서 이렇게 말했다.

"적을 만들고 싶다면 친구를 이기고, 우정을 쌓고 싶다면 친구가 이기도록 만들어라."

인간의 심리는 상당히 묘한 것이라 타인의 성공을 즐거워하기보다 불행을 더 기뻐하는 경향이 강하다. 따라서 상대로 하여금 자기 자랑을 하게 만들어 자기만족을 충족시켜 주면, 대화의 실마리를 풀어나가기가 한결 수월해진다.

말을 가두고
소리를 모아라

평소에 잔소리가 심했던 윌슨 부인은 딸 로리가 왜 그렇게 말을 듣지 않는 것인지 알지 못했다. 어느 날, 윌슨 부인은 로리에게 방을 정리하라고 부탁했지만, 딸은 그 말을 듣지 않고 친구를 만나러 나가 버렸다.

딸이 돌아왔을 때, 윌슨 부인은 평소처럼 수천 번이나 잔소리를 늘어놓으려고 했지만, 그날따라 컨디션이 좋지 않았고 목소리조차 제대로 나오지 않았다.

그래서 그녀는 단지 딸애를 물끄러미 바라보며 중얼거렸다.

"네가 왜 그러는지 이유를 알 수가 없구나."
조용해진 엄마를 본 로리는 그제야 물었다.
"정말 알고 싶으세요?"
엄마가 고개를 끄덕이자, 로리는 다소 망설이는 듯하다가 모든 것을 털어놓았다.

지금까지 윌슨 부인은 단 한 번도 딸의 이야기에 귀를 기울인 적이 없었다. 항상 잔소리만 늘어놓고 딸이 자기 생각, 감정, 느낌을 말하려고 하면 말을 가로막고 더 많은 잔소리를 퍼부은 것이다.

그러나 딸아이의 고백을 듣고 나서 로리가 엄마로부터 필요로 하는 것은 잔소리가 아니라 성숙해 가면서 겪는 혼란스러운 일에 대해 의논할 수 있고, 무슨 일이든 허물없이 털어놓을 수 있는 친구였다는 것을 깨달았다.

이후로 윌슨 부인은 로리에게 하고 싶은 말은 무엇이든 다 할 수 있게 해주었고, 그렇게 마음속의 말을 털어놓으면서 모녀 사이는 무척 좋아졌다.

상대의 선택을 유도하는
착각의 언어

*,

    사람은 누구나 자기 의사에 따라 행동하고 느끼기를 원한다. 심지어 자신에게 이익이 되는 일이라도 자신의 행동에 제약을 가하거나 뭔가를 지시하면 마음과 반대로 행동하는 경우도 있다. 그러므로 상대에게 어떤 일을 시키거나 그의 결정을 유도하려 할 때는 먼저 상대방이 무엇을 원하고, 어떤 생각을 하고 있는지에 대해 서로 상의해 보는 것이 좋다.

    브루클린의 어느 병원이 건물을 증축하면서 가장 시설이 좋고 훌륭한 방사선과를 개설하기로 했다. 그러자 엑스선 기재를 판매하는 수많은 세일즈맨들이 몰려들어 방사선과를 맡은 L 박사에게 자기네 제품의 장점을 장황하게 늘어놓았다.

그때 한 세일즈맨은 좀 더 기술적인 방법으로 L 박사에게 접근했다. 그는 다음과 같은 내용의 편지를 보냈다.

"저희 회사에서 최근에 새로운 종류의 엑스선 기재를 개발했습니다. 하지만 아직 완전하지 않다는 것을 알기에 저희 기술진들은 그것을 좀 더 개선하기 위해 노력하고 있습니다. 저희는 이 기재가 용도에 적합하도록 개선되려면 전문가의 자문이 절대적으로 필요하다는 결정을 내리고 여러 기술진과 상의 끝에 이 분야의 전문가이신 L 박사님의 자문을 구하기로 의견 일치를 보았습니다. 바쁘시더라도 직접 이 기재를 살펴봐 주시고 고견을 들려주셨으면 합니다. 편하신 시간을 알려주시면 차를 보내도록 조치하겠습니다. 부디 왕림해 주십시오."

L 박사는 그 부탁을 받아들였을까? 물론이다. 그는 바쁜 시간을 쪼개 그곳을 방문하였고 새로 개발된 엑스선 기재에 마음을 빼앗겨버렸다. 이때, 그 회사에서는 엑스선 기재에 대해 자세히 설명했을 뿐, 그 기재를 사달라는 말은 단 한마디도 내비치지 않

았다.

중국의 현인인 노자는 2500년 전에 이렇게 말했다.

"큰 강이나 바다가 수백의 골짜기에서 흘러 내려오는 물을 받아들일 수 있는 이유는 언제나 그 '하류'에 있기 때문이다."

상대방 스스로 선택하게 하라. 아니, 최소한 스스로 선택한 것처럼 착각하도록 만들어라. 여러분의 생각을 다른 사람에게 영향이 미치도록 하려면, 그 의견이 그들에게서 나온 것처럼 느끼게 만들어야 한다.

에드워드 하우스 대령은 우드로 윌슨 대통령 재임 시절, 국내외적으로 막대한 영향력을 발휘한 인물이다. 대통령은 다른 각료들보다 그를 훨씬 더 신뢰하였고, 그에게서 더 많은 자문을 구했다. 그 이유는 무엇일까?
　훗날 하우스 대령은 그 이유를 《새터데이 이브닝 포스트》지에 자세히 털어놓았다.

"저는 어떤 아이디어를 대통령에게 전달할 수 있는 최상의 방법은 그것이 대통령의 마음속에서 자연스럽게 떠오른 것처럼 해 드리는 것임을 깨닫게 되었습니다. 한번은 백악관으로 찾아가 대통령이 반대하던 어떤 정책에 대해 건의를 드린 적이 있습니다. 그런데 며칠 후 저녁 식탁에서 제가 건의한 제안을 대통령이 마치 자신이 생각해낸 것처럼 자랑스럽게 말하는 것을 듣고 깜짝 놀랐습니다."

그렇다면 하우스 대령은 그 자리에서 "아니, 그것은 제가 건의했던 내용이지 않습니까?"라고 말했을까? 결코 그렇지 않다. 빈틈이 없었던 하우스 대령은 윌슨 대통령이 마치 그것이 자신의 아이디어라는 느낌이 들도록 내버려 두었다.

위의 사례처럼 사람들은 윌슨 대통령 같은 경향을 보이기도 한다. 따라서 상대방으로 하여금 반짝이는 아이디어가 자신의 것이라고 느끼도록 만들어 보자.

프랭클린 D.루즈벨트가 뉴욕 주지사로 있을 때의 일이다.

하루는 그가 정치계의 거물들을 초청하여 주 정부의 요직 개편에 대한 협조를 요청했다. 즉, 요직에 앉을 인사들을 천거해 달라고 부탁한 것이다. 이때 루즈벨트는 묘한 심리작전을 펼쳤다. 그는 자기 심중에 떠오른 인물이 그들이 천거하는 인물과 일치하도록 대화를 이끌어간 것이다.

결국, 몇 번의 대화 끝에 그들의 입에서 자신이 마음에 둔 인물의 이름이 나오자 루즈벨트는 즉각 현명한 판단의 공을 상대에게 돌리며 자신이 원하는 인물을 요직에 앉혔다. 그런 다음, 자신이 계획했던 정치적 대개혁을 단행한다고 발표했다. 그 과정이야 어찌 되었든 정치계의 거물들은 자신의 천거로 개편이 이루어지는 것이므로 동의할 수밖에 없었다.

어떤 사람일지라도 자신이 높이 평가받고 있다는 사실을 인식하게 되면, 상대방의 말에 관용을 베풀게 되고 쉽게 동의하게 마련이다.

43

마음의 안정을 위한
선한 거짓의 언어

어떤 남자가 병원을 찾아와 말했다.

"제 뱃속에 파리 두 마리가 들어갔는데, 자꾸만 윙윙거려서 견딜 수가 없습니다."

"어쩌다가 그리되었죠?"

"저는 입을 벌리고 잠을 자는 버릇이 있습니다. 어느 날 제가 자고 있을 때 파리 두 마리가 제 뱃속으로 들어갔죠. 그 파리들이 지금도 윙윙거리며 날고 있습니다."

그는 걱정스러운 듯 가만히 앉아 있지도 못하고 이리저리 왔다 갔다 하면서 불안에 떨고 있었다.

"그놈들이 이쪽으로 왔습니다. 아니, 이번에는 이쪽으로 날아갔군요."

그는 거의 미치겠다는 듯한 표정으로 자신의 배를 이곳저곳 가리키며 파리가 왔다 갔다 한다고 하소연했다.

"여기저기 병원을 찾아다니며 의사들에게 말했지만, 전혀 도움이 되지 않았습니다. 제가 얼마나 고통을 겪고 있는지 털어놓으면 그들은 한바탕 웃음을 터뜨리며 그것은 상상에 지나지 않는다고 하더군요. 정말로 그들은 저를 이해하지 못했어요."

그때, 의사는 곰곰이 생각에 잠겼다. 파리
가 뱃속에 들어갔든 그렇지 않든 어쨌든
상대방은 지금 고통 속에서 헤매고
있는 것이 아닌가.

"자, 여기 누워보십시오."

남자가 눕자, 의사는 배를 만지
며 이렇게 말했다.

"아, 그놈들이 여기 있군요."

"그렇죠! 분명 제 뱃속에 파리가 들어
있죠?"

남자는 존경스러운 눈빛으로 의사를 바라보며 기쁜 듯이 말했다.

"당신은 제 고통을 알아주는 유일한 분입니다. 지금까지 용하다는 의사
는 다 만나보고 이런저런 민간요법도 모두 써 보았지만, 사람들은 한결같
이 저에게 그것은 환상일 뿐이라고 말했죠."

"그렇다면 당신은 사람을 제대로 찾아왔군요. 분명 당신의 뱃속에 파리
가 있습니다. 자, 여기 눈가리개가 있습니다. 이것을 착용하고 누워서 입을
벌리십시오. 제가 눈을 뜨고 일어나라고 지시하기 전까지는 절대로 움직이
면 안 됩니다. 그러면 파리가 나오다가 다시 들어갈 수도 있습니다."

"알겠습니다. 입을 벌리고 꼼짝도 하지 않겠습니다."

그는 기쁨에 들떠 어쩔 줄 몰라 하며 말했다. 의사는 행복해하는 남자를 눕혀 놓고 재빨리 옆방으로 달려가 파리를 잡기 위해 여념이 없었다. 간신히 두 마리의 파리를 잡은 의사는 병 속에 파리를 담아 병실로 돌아왔다.

"이제 눈을 뜨십시오. 두 마리의 파리가 모두 나왔습니다."

그 남자는 기쁨에 겨운 탄성을 지르며 이렇게 말했다.

"그 병을 제게 주십시오. 제가 환상에 빠져 있다고 말했던 모든 사람에게 그것을 보여줄 것입니다."

이후로 그는 완전히 회복되었다.

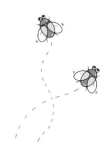

사소한 비난도
자존감을 겨누는 칼이 된다

　사람은 자신이 아무리 나쁜 짓을 저질렀을지라도 결코 자신을 나쁘게 생각하지 않는다. 따라서 '비난'은 그 누구에게도 도움이 안 된다. 비난하는 사람은 감정이 격앙되어 이성을 잃기 쉽고, 비난받는 사람은 방어 태세를 갖추고 어떻게 해서든 자신을 정당화하려 애쓰게 될 뿐이다. 더 나아가 자존심에 상처를 입게 되면 서로의 관계가 악화되고 만다.

　죽을 때까지 다른 사람의 원망을 사는 방법은 간단하다. 그것은 그 사람을 신랄하게 '비평'하면 된다. 그 비평이 정확하고 타당한 것일수록 더욱더 효과적이다.

사람들은 보통 자신을 논리적이라고 생각하지만, 그것은 착각에 지나지 않는다. 인간은 감정의 동물로, 편견으로 가득 차 있으며 자존심과 허영심에 휩싸여 행동하는 어리석고 가련한 존재이다. 그러므로 다른 사람을 비난하는 것은 다이너마이트를 짊어지고 '자존심'이라는 불길 속으로 뛰어드는 것과 같다.

평범하고 내성적인 벤저민 프랭클린(미국, 1706-1790)을 탁월한 외교가로 만든 생활 철학은 바로 이것이다.

"다른 사람의 단점은 절대로 끄집어내지 않으며, 장점만을 부각시킨다."

상대를 이해하고 관용을 베푸는 것은 쉽게 얻어지는 자세가 아니지만, 그렇다고 불가능한 것도 아니다. 우선 상대방이 왜 그런 행동을 하게 되었는지 곰곰이 생각해 보고 이해하려는 마음 자세를 갖춰야 한다. '모든 것을 알게 되면 모든 것을 용서하게 된다'는 말처럼 일단 상대를 알고자 하는 노력이 선행되어야 하는 것이다.

나의 잘못으로 인해 상대방의 분노를 사게 될 때는 그 사람이 분노를 표시하기 전에 내가 먼저 사과하라. 그러면 상대방의 분노는 한결 수그러들 것이다. 또한 상대방이 나를 비난하기 전에, 내가 먼저 그 비난의 소지를 밝힌다면 어떨까? 아마 상대방으로부터 비난을 듣는 것보다 나의 잘못을 먼저 인정하는 것이 한결 마음이 편할 것이다.

　상업 미술가인 페르난도 E. 워렌은 까다롭고 신경질적인 미술 편집자의 일을 맡아 시간에 쫓겨 일을 급하게 마무리한 적이 있었다. 편집자는 즉시 워렌에게 전화를 걸어 자신의 사무실로 그를 불렀다.

　"일을 이런 식으로 해주시면 어떻게 합니까?"
　그는 작품을 앞에 놓고 이런저런 혹평을 늘어놓았다. 그의 말을 끝까지 들은 워렌은 공손히 말했다.
　"뭐라 변명할 말이 없군요. 제가 부족했습니다. 죄송합니다."
　그러자 자신이 좀 심했다 싶었는지 편집자는 흥분을 가라앉히고 이렇게 말했다.

"아니, 뭐 그렇게까지 말할 정도의 실수는 아니고…."

그때 워렌이 재빨리 말했다.

"사소한 실수일지라도 일에 있어서는 중대한 것입니다. 좀 더
신중하게 일처리를 했어야 하는데 다시 그려오도록 하지요."

그러자 편집자는 손을 내저으며 말했다.

"애초부터 일을 크게 만들 생각이 있었던 것은 아닙니다. 몇 군데만 손질하면 되니까 그냥 두십시오."

결국 워렌은 '자기비판'을 통해 비난에서 벗어날 수 있었을 뿐만 아니라, 점심 식사를 대접받고 다른 일거리도 함께 얻어낼 수 있었다.

살인보다 무서운
험담의 파괴력

어느 날, 시험 비행사인 밥 후버는 3백 피트 상공에서 공중곡예 쇼를 펼치고 있었다. 그런데 갑자기 양쪽의 엔진이 모두 멈추고 말았다. 다행히 비행기를 잘 다룰 줄 알았던 후버는 침착하게 대응했고 한 사람의 부상자도 없이 비상착륙에 성공했다. 하지만 기체는 무참하게 부서지고 말았다.

착륙 후, 후버는 가장 먼저 비행기 연료를 체크했고, 예상대로 비행기에 휘발유가 아니라 제트 연료가 들어 있음을 확인하였다.

"정비사는 어디 있나?"

젊은 정비사는 이미 자신의 실수를 깨닫고 어찌할 바를 몰라 하고 있었다. 자신의 실수로 고가의 비행기가 부서지고 하마터면 비행사가 목숨을 잃을 뻔했기 때문이다. 정비사가 많은 사람에게 둘러싸여 잔뜩 긴장하고 있을 때, 후버가 다가와 그의 어깨에 팔을 두르고 말했다.

"자네는 앞으로 두 번 다시 이런 실수를 저지르지 않을 걸세. 앞으로도 내 비행기는 자네가 맡아서 정비해 주게."

유대 경전 미드라시에서도 이렇게 가르치고 있다.

"남을 헐뜯는 험담은 살인보다도 위험하다. 살인은 한 사람밖에 죽이지 않으나, 험담은 반드시 세 사람을 죽인다. 험담을 퍼뜨리는 사람 자신, 그것을 반대하지 않고 듣고 있는 사람, 그 험담의 대상인 사람이다."

사람들을 비난하기 전에 먼저 상대방을 이해하려 애써 보라. 왜 그런 행동을 했을지 생각해 보고 그 행동을 이해하려 노력한다. 그것이 비판보다 훨씬 더 유익하다. 더불어 그것은 동정과 관용과 우애를 길러준다.

위조지폐 같은 아첨이 아닌
진심을 담은 칭찬

미국의 심리학자 에이브러햄 매슬로Abraham Maslow는 인간에게
는 생리적 욕구, 안전의 욕구, 애정과 소속의 욕구, 존경의 욕
구, 자아실현의 욕구와 같은 다섯 가지 욕구가 있다고 주장했
다. 그중 애정과 소속의 욕구는 우정과 사랑, 대인관계에 관한
욕구이다.

사람은 내가 누군가에게 '필요한 존재'라고 느낄 때 자신이
사회적으로 가치 있는 존재라고 인식한다. 보통 상대에게 '감사'
와 '칭찬'의 말만 전해도 이러한 심리적 욕구를 채워줄 수 있다.

우리가 육체의 건강을 위해 영양소를 골고루 섭취하는 것처럼 정신의 건강을 유지하기 위해서는 부드러운 칭찬과 격려가 필수적이다. 물론 칭찬은 아첨이나 공치사와는 분명히 다르다. 아첨이란 위조지폐처럼 겉으로만 그럴듯하게 보이기 때문에 조금이라도 지각이 있는 사람이라면 그것을 금방 알아차릴 수 있다.

하지만 더욱 중요한 사실은 세상에는 아첨이나 공치사라는 것을 뻔히 알면서도 그것을 덥석 집어삼킬 정도로 자신에 대한 찬사에 굶주린 사람들이 너무 많다는 점이다.

사람은 어떤 특정한 문제에 몰두하고 있을 때를 제외하고는 대부분 자기 일만 생각하며 살아간다. 그렇다면 잠깐이라도 자신에 대한 생각을 멈추고 다른 사람들의 장점에 대해 생각해 보는 것은 어떨까? 만약 다른 사람의 장점을 알게 된다면 속이 뻔히 들여다보이는 아첨 따위는 할 필요가 없을 것이다. 뛰어난 시인 에머슨은 이렇게 말했다.

"누구에게든 어떤 면에서는 자신보다 뛰어난 점이 있게 마련이다."

상대의 장점을 파악하여 마음속으로부터 우러나오는 칭찬을 한다면, 상대방은 그 칭찬을 마음 깊이 간직하고 평생 잊지 않을 것이다. 주는 사람은 잊어도 받는 사람은 길이 간직한다고 하지 않던가. 어떤 상황에서든 '상대방이 나에게 해주기를 바라는 것처럼 상대방에게 베풀라'는 원칙이 적용된다.

뉴욕에 사는 조경사 맥마흔은 어느 유명한 법률가의 저택에서 정원 공사를 맡아 일하게 되었다. 집주인은 그가 일하는 것을 지켜보며 옆에서 나무를 어디에 심어야 하는지, 혹은 꽃을 어떻게 가꾸기를 원하는지를 그에게 일러주고 있었다. 그때 맥마흔이 별다른 생각 없이 이렇게 말했다.

"훌륭한 개가 참 많군요. 메디슨 스퀘어가든 개 품평회에서 상을 많이 탔다고 들었는데…."

개 이야기가 나오자, 주인은 마치 기다렸다는 듯이 신이 나서 말했다.

"물론이지요."

집주인은 개들이 탄 상패들은 물론이고 개의 족보까지 꺼내 그에게 설명했다. 그러더니 열심히 귀를 기울이는 맥마흔에게 물었다.

"혹시 자녀가 있나요?"

"네."

"아이가 강아지를 좋아하나요?"

"아주 좋아한답니다."

"그래요? 그럼 강아지를 한 마리 선물해도 될까요?"

"아, 고맙습니다."

맥마흔이 일을 끝내자, 집주인은 개의 혈통서와 개 사육법을 적은 종이 그리고 강아지를 선물로 내주었다. 맥마흔은 집주인의 취미와 그 성과를 진솔하게 칭찬한 결과로 멋진 선물을 받은 것이다.

사람은 누구나 다른 사람으로부터 '인정'받기를 원한다. 그리고 그것은 커다란 노력을 들이지 않더라도 그들을 얼마든지 충족시켜 줄 수 있다. 중요한 것은 사소한 일이기는 하지만 그들이 자주 듣지 못했던 장점을 찾아서 칭찬해 주어야 한다는 점이다.

주식 중개인에게 주식매매를 잘한다고 칭찬하는 것은 별다른 효과를 거두기 어렵다. 그 사람은 단지 인사치레라고 생각할 뿐이다. 몸매가 훌륭한 사람에게 몸매가 훌륭하다고 칭찬하면 효과가 있을까? 상대의 기분을 좋게 만들기는 하겠지만, 그의 눈에 잘 띄지 않는 장점을 칭찬해 주는 것만은 못할 것이다.

우선 상대방으로부터 칭찬해 줄 만한 것을 찾아내 보자. 상대방의 장점을 발견해내는 것이다. 그러기 위해서는 하루에 한 번 이상 다른 사람들의 장점을 진심으로 칭찬하는 습관을 먼저 기르는 것이 좋다. 그러면 인간관계 또한 깜짝 놀랄 정도로 좋아질 것이다.

나폴레옹은 '레종 도뇌르' 훈장을 제정하여 나이가 들어 퇴역하는 1만 5천 명의 병사들에게 수여했다. 그는 직함이나 권위를 부여해 사람들의 명예욕을 충족시키는 방법을 교묘히 사용해 충

성심을 받아냈던 것이다. 그러자 사람들은 노병들을 장난감으로 속이려 한다며 혹평하였고 그 말을 들은 나폴레옹은 이렇게 말했다.

"사람들은 장난감인 줄 알면서도 그것이 지닌 명예 때문에 지배를 받는다."

돌부처도 움직이는
아낌없는 칭찬

    미국에서 일주일에 50달러를 받으면 높은 주급으로 생각하던 때였다. 미국 실업계 최초로 연봉 1백만 달러 이상을 받았던 찰스 슈와브는 불과 38세에 앤드루 카네기에게 채용되어 US 강철 회사의 사장이 되었다.

    그렇다면 앤드루 카네기는 무엇 때문에 하루에 3천 달러에 해당하는 연봉 1백만 달러를 지불했던 것일까. 슈와브가 천재였기 때문일까? 결코 그런 이유 때문이 아니다. 슈와브는 자기보다 제철에 관해 훨씬 더 많이 알고 있는 사람들을 부하직원으로 두고 있다는 고백을 한 적이 있었다. 더

60

불어 그는 사람을 다루는 자신의 능력 때문에 그 정도의 봉급을 받은 것이라고 했다.

"나에게는 사람들로부터 '열정을 이끌어내는' 능력이 있습니다. 그것은 내가 소유하고 있는 가장 중요한 재산입니다. 내가 사람들로부터 최고의 가능성을 개발하도록 하는 방법은 바로 '격려'와 '칭찬'에 있습니다. 다른 사람으로부터 꾸지람을 듣는 것만큼 인간의 평상심을 해치는 것도 드뭅니다. 나는 결코 다른 사람의 결점을 들춰내지 않으며, 오히려 칭찬하려 노력합니다. 그 사람이 한 일이 마음에 들면 진심으로 '찬사'를 보내고, 아낌없이 '칭찬'합니다."

사람의 마음을 낚는
관심의 미끼

데일 카네기의 형수는 두 아들을 예일 대학에 보낸 후, 아무리 편지를 띄워도 답장 한 장 없는 아들들 때문에 속을 썩이고 있었다. 무슨 일이 있는 것인지, 아니면 너무 바빠서인지 모르지만 두 아들은 제발 답장을 보내 달라는 간곡한 부탁에도 아랑곳하지 않고 감감무소식이었다. 그때 카네기가 빙그레 웃으며 이렇게 제안했다.

"형수님, 답장을 보내 달라는 부탁을 하지 않아도 답장을 보내도록 제가 만들어 볼까요?"

"정말 그럴 수 있겠어요?"

"어때요? 답장이 오는지, 안 오는지 10달러를 놓고 내기를 해 봅시다."

카네기는 즉시 조카들에게 별다른 내용이 없는 안부 편지를 썼다. 그리고 맨 마지막에 추신으로 두 사람에게 각각 5달러씩 보낸다는 말을 덧붙였다. 그 당시 5달러라면 학생들이 꽤 요긴하게 쓸 수 있을 만한 액수였다. 하지만 카네기는 돈을 동봉하지 않고 그대로 편지만 보냈다.

그러자 지체없이 답장이 날아들었다.

"카네기 삼촌, 보내주신 편지는 잘 받았습니다만, 보내주신다던 돈은…."

미국의 심리학자인 해리 A. 오버스트리트 교수는 저서 『인간의 행위를 지배하는 힘』에서 이렇게 말했다.

"인간의 행동은 마음속의 욕구로부터 비롯된다. 따라서 사람을 움직이도록 하는 최선의 방법은 먼저 상대방의 마음속에 강한 욕구를 불러일으키는 것이다."

다른 사람을 설득하여 어떤 일을 하도록 만들려면 먼저 이렇게 자문해 보는 것도 좋다.

"어떻게 하면 상대방이 이것을 해보고 싶어 할까?"

카네기는 편지를 쓰면서 자신의 요구, 즉 답장해 달라는 말은 한마디도 하지 않았다. 단지 그는 상대방의 궁금증을 유발해 답장을 보내도록 만들었을 뿐이다.

미 대륙에 새로운 식민지를 세우기로 마음먹은 영국의 장군인 제임스 에드워드 오글소프는 국왕인 조지 2세의 허가를 받기 위해 2주일 동안이나 여러 가지 논리적인 증거를 제시하였다. 하지만 국왕은 꿈쩍도 하지 않았다. 그는 왕의 인간성에 호소해 보기도 하고, 온갖 변론을 갖다 댔지만 별다른 효과가 없었다. 마침내 그는 최후의 수단으로 새로운 식민지를 개척하는 것이 얼마나 영광스러운 일인가에 대해 열변을 토했다.

"이미 우리나라는 많은 식민지를 갖고 있지 않은가?"

국왕이 시큰둥하게 물었다.

"하지만 폐하! 폐하의 이름으로 개척된 식민지는 하나도 없습니다."

"내 이름으로?"

갑자기 귀가 솔깃해진 국왕은 몸을 일으키며 정색하고 앉았다. 그러고는 마침내 '조지아'라는 이름의 새로운 식민지를 개척하도록 허가했다.

뉴욕 은행에서 근무하는 찰스 월터스는 A 회사의 기밀문서를 작성해야 하는 임무를 맡게 되었다. 그는 일단 A 회사의 사정에 정통한 인물이 누구인지를 알아낸 다음 그 업체를 찾아갔다. 회사에 도착해 사장님과의 면담을 청하자 젊은 여비서는 그를 사장실로 안내했다. 그런데 그녀는 방을 나서면서 사장에게 이렇게 말하는 것이었다.

"사장님, 그런데 오늘은 우표가 없습니다."

그 소리를 들은 월터스는 무슨 말인가 의아해하고 있을 때 업체 사장은 실망스러운 낯빛으로 자기 아들이 우표 수집에 열을 올리고 있어서 보탬을 주고 있다고 설명했다.

면담은 금방 끝났고, 월터스가 얻은 것은 아무것도 없었다.

묘안을 짜내기 위해 애쓰던 월터스는 갑자기 여비서가 말하던 우표 이야기가 떠올랐다. 동시에 뉴욕 은행의 외환계에서 세계 각국으로부터 날아오는 편지의 우표를 모아두고 있다는 사실이 생각났다.

다음 날, 월터스는 희귀한 우표를 잔뜩 싸 들고 그 업체를 다시 방문했다.

"오늘은 별다른 용무가 있어서가 아니라 이 우표를 드리려고 왔습니다."

"아니, 세상에! 이렇게 귀한 우표를…. 아들 녀석이 무척이나 좋아하겠군요."

사장은 환한 표정으로 호의를 보였고 당연히 월터스의 일은 일사천리로 진행되었다.

누군가를 만나기 전에 그 사람에 관한 자료와 정보를 모으고 정리해 놓으면 대화를 나눌 때 이를 적절히 활용할 수 있어 호감을 남길 수 있다. 예를 들면 과거에 상대가 말한 적 있는 전략적 구상이나, 혹은 남들과는 달랐던 독특한 견해들을 적절히 인용해 보자.

기원전 100년, 로마의 시인 파브릴리우스 시루스는 다음과 같이 갈파했다.

"사람들은 자기 자신에게 관심을 기울이는 사람에게 관심을 보인다."

친구를 사귀고 싶다면 자신의 시간, 노력, 희생 그리고 사려 깊은 마음을 투자하여 다른 사람을 위해 뭔가를 해주어야 한다. 물론 관심의 표현은 진지해야 한다. 더불어 관심을 가진 사람뿐만 아니라 관심을 끄는 사람 모두에게 도움이 되어야 한다.

좌절의 순간,
희망을 주는 재치의 말

　루즈벨트 대통령의 부인인 엘레나는 언제나 '희망적인 말'과 '재치'로 남편에게 끊임없이 용기를 준 여성이다. 노년에 루즈벨트가 관절염으로 휠체어에 의지하게 되자 엘레나는 웃음을 잃지 않고 남편을 격려하였다.

　한번은 루즈벨트가 엘레나에게 이렇게 물었다.

"지금도 나를 사랑하오?"

그러자 엘레나가 재치 있게 대답했다.

"내가 당신의 다리만 사랑했나요?"

　이러한 재치 있는 말도 필요하지만 유머도 자연스럽게 사람들이 나에게 관심을 갖게 하는 방법이다. 그들이 잘 모르는 재미있는 에피소드나 말을 기억해 두었다가 들려주면 좋은 인상을 남기기 쉽다. 다만 상대가 초면일 경우에는 리스크가 따른다. 왜냐하면 나는 농담이라고 건넸는데 그 사람에게는 아픔이고 상처일 수도 있기 때문이다. 때문에 '남을 웃기면서 상처를 주지 않는 것'이 그리 쉽지만은 않다.

상대를 감동시키는 유머는 어떤 걸까.

먼저 인간이 가진 다양한 면을 알아둘 필요가 있다. 사실 매우 외향적이고 명랑한 사람일지라도 내면 한구석에는 다른 사람에게 말 못 하는, 혹은 사람들이 몰랐으면 하는 아픔이 있을 수 있다. 반대로 아주 조용하고 침착한 사람일지라도 특정 상황에서 자신의 격한 감정과 행동을 필사적으로 억누르고 있을 수 있다.

새로운 사람을 알아가는 과정에서 이러한 심리를 잘 활용한다면 상대는 '정말 나를 잘 이해하는 사람'으로 우리를 기억할 것이다.

바짝 독이 오른 말투도
걸러 듣는 경청의 힘

상대방의 말에 성심껏 귀를 기울여준다는 것은 그에게 취할 수 있는 최고의 경의다.

J. C. 우든은 뉴저지주의 한 백화점에서 양복 한 벌을 구입했다. 그런데 양복을 세탁하자마자 색상이 살짝 변했다. 그는 양복을 들고 백화점을 찾아가 문제를 제기하였다. 하지만 그에게 물건을 판매한 점원은 그보다 더 큰 목소리로 그의 말을 가로막았다.

"이 제품에는 문제가 없습니다. 지금까지 이런 양복을 수백 벌이나 팔았지만, 문제가 있다고 찾아온 고객은 한 명도 없었습니다. 이렇게 트집을 잡는 경우는 처음입니다."

그 말에 우든은 화가 치밀어 올랐다.

"아니 뭐라고요! 내가 없는 말을 지어내기라도 했단 말입니까?"

"그렇다면 우리가 문제 있는 제품을 팔았다는 얘깁니까? 다른 사람은 아무 말이 없는데 손님만 그렇잖아요."

그들이 논쟁을 벌이고 있자, 다른 점원도 참견을 했다.

"원래 그 제품은 물이 좀 빠지는 편이에요. 사실 그 가격에는 그런 양복밖에 살 수 없어요."

71

그 말을 들은 우든은 더 이상 참을 수가 없었다. 판매한 점원은 자신에게 생트집을 잡는다고 큰소리치고, 다른 한 점원은 그가 산 물건이 싸구려라 어쩔 수 없다고 설명했기 때문이다.

그가 막 양복을 바닥에 집어던지려고 할 때, 마침 그곳을 지나던 백화점 지배인이 그들의 다툼에 끼어들었다. 지배인은 불같이 화가 나서 양복을 집어 던지려던 우든의 마음을 가라앉히고 오히려 그가 흡족한 마음으로 백화점을 나오도록 만들었다. 어떻게 했을까?

첫째, 그는 우든의 불만 사항이 무엇인지 처음부터 끝까지 단 한마디의 대꾸도 없이 들어주었다. 둘째, 철저히 우든의 입장에서서 얼마나 기분이 나쁠지 이해한다고 말하고, 절대로 고객을 만족시키지 못하는 제품을 팔아서는 안 된다고 직원들을 나무랐다. 셋째, 점원들의 무례함과 질 나쁜 제품을 판매한 것을 정중히 사과하고, 그가 요구한 대로 일을 처리해 주겠다고 했다.

지배인의 태도에 마음이 누그러진 우든은 이렇게 말했다.

"앞으로 색상에 더 이상의 변화가 없다면 그냥 입을 수도 있겠지만….

그 말을 들은 지배인이 재빨리 말했다.

"일주일만 더 입어보시지요. 만약 그때 가서도 만족스럽지 못하다면 다른 것과 교환해 드리거나 환불해 드리겠습니다."

물론 일주일이 지난 후에 더 이상의 하자는 발견되지 않았다.

귀를 기울일 줄 아는 경청자는 반대자나 비평가가 성난 코브라처럼 바짝 독이 올라 체내의 독소처럼 쓴 말을 뱉어낼지라도 그것을 순화시킬 줄 안다. 그런데 아쉽게도 세상에는 상대방의 말을 잘 들어주는 사람이 그리 흔치 않다. 그래서 많은 사람은 자신의 말을 들어줄 사람을 찾지 못해 신경정신과의 상담실을 찾아가기도 한다.

사람들은 말을 잘하는 사람보다는, 말을 잘 '들어주는' 사람을 좋아하게 마련이다.

말을 잘하는 사람이 되려면 다음의 원칙을 따라야 한다.

첫째, 상대방의 말을 귀담아듣는다.

둘째, 상대방이 쉽게 대답할 수 있는 것을 질문한다.

셋째, 상대방이 자신을 자랑할 수 있도록 유도한다.

넷째, 상대방의 관심이 자기 자신에게만 집중되어 있다는 사실을 기억한다.

다섯째, 상대방의 이야기를 충분히 듣고 난 다음 말한다.

10초 동안 말하고, 10분 동안 듣는 연습은 매우 효과적이다. '잘 듣는 사람'은 다음과 같은 사람들이다.

말하는 사람이 기분 좋게 자신의 생각을 털어놓을 수 있도록 해주는 사람.

말하는 사람의 이야기를 거들어주거나 유도할 수 있는 사람.

작고 사소한 이야기일지라도 상대방을 생각하여 참고 들어주는 사람.

상대방이 말하지 않은 내면의 소리까지 듣는 사람.

횡설수설 지껄이는 상대방의 말을 교통 정리하며 듣는 사람.

전체의 흐름이나 분위기를 파악하여 적절히 대처하는 사람.

듣는 틈틈이 말하는 사람에게 적절한 힌트나 아이디어를 제공하는 사람.

잘 듣는 것은 자기계발의 가장 기초적인 조건으로 잘 듣는 방법을 터득하면 인간관계가 원활해지는 것은 물론이고, 사람의 심리를 꿰뚫어 볼 수 있는 통찰력도 길러진다.

잘 듣게 되면 상대방이 어떤 생각을 가지고 있는지, 그리고 어떤 사람인지 쉽게 파악할 수 있다. 그리고 자신이 모르는 것을 배울 수도 있고, 쓸데없는 말을 하거나 불리한 말을 하여 손해 볼 일이 없다.

영국의 명재상 디즈레일리는 결코 상대방과 논쟁을 하지 않았고, 쓸데없는 말을 하는 대신 상대방의 이야기에 귀를 기울였다. 미국의 석유왕, 록펠러 역시 어떤 사람의 말에도 귀를 기울였으며, 상대방이 이야기하지 않을 때만 자신의 의견을 말했다고 한다.

세일즈 업계에서는 고객이 자기의 이야기를 하게 하고 질문도 하게 만든다면, 90%가 성공적이라고 한다. 반대로 고객에게는 말할 틈을 주지 않고 영업자만 떠들어 대면 100% 이해시킬 수 있을지는 모르겠지만, 세일즈는 10%밖에 성공하지 못한다는 것이다.

고객이 자신의 의사로 물건을 구입했다는 의식을 갖게 하려면, 상대방이 말하고 이쪽에서 열심히 들어주는 것이 가장 현명한 방법이다.

눈빛으로 듣는
마음의 소리

　존 맥스웰 박사는 리더십 대중 강연에서 지도자가 되는 필수 덕목으로 '경청'을 꼽는다. 지도자는 말하기보다는 '잘 들어야 한다'고 힘주어 말하면서 "리더의 귀에는 반드시 사람의 목소리가 들려야 한다."라고 한 윌슨 전 대통령의 말을 인용하기도 했다.

　삼성의 고故 이병철 회장은 아들인 이건희에게 '경청'하는 습관을 길러주기 위해 경청법에 관한 책들을 많이 권했다. 그만큼 '제대로 듣는다는 것'은 말하기보다 훨씬 어렵다. 말은 자신의 의도대로 할 수 있지만, 듣는 입장에 선 '상대'에게 모든 신경을 맞춰야 하기 때문이다.

이러한 훈련으로 이건희 회장은 말하기보다 듣기를 더 좋아해, 경영 철학이 '경청 경영'일 정도로 귀 기울여 들었다고 한다.

　미국 대통령 에이브러햄 링컨, 세기의 갑부 록펠러, 강철왕 카네기는 경청을 즐기는 리더로 유명하다. 이런 습관으로 그들은 자신이 알지 못했던 정보를 공유하고 인재를 등용하는 지혜를 발휘했다. 클린턴 대통령은 심지어 차나 콜라를 마실 때도 잔 밑바닥을 통해서 상대방의 얼굴에서 눈을 떼지 않았다고 한다.

논쟁의 승리법,
'졌잘싸'

벤저민 프랭클린은 이렇게 말했다.

"당신은 논쟁을 통해 상대방을 굴복시키고, 승리를 쟁취하고, 무한한 성취감을 느낄 수도 있다. 그러나 벗을 잃게 되므로 그 승리는 공허한 것이 되고 만다."

논쟁의 결말은 서로가 자신의 생각이 옳았다는 처음의 생각을 한층 더 굳히는 것에 지나지 않는다. 언제나 결말은 똑같다. 설사 여러분이 논쟁에서 이길지라도 진 것이나 다름없다. 만약 상대방을 이론적으로 눌러 이겼다고 가정해 보자. 그 결과 여러분은 성취감을 느낄 수도 있겠지만, 자존심에 상처를 받은 상대방은 여러분을 계속 미워할 것이다. 더욱이 상대방은 마음속으로 여전히 자신이 옳다고 믿는다.

세무사로 일하고 있는 프레드릭 S. 파슨즈는 어느 날 정부의 세무 검사관과 논쟁을 벌이게 되었다. 문제는 어떤 항목에 기재되어 있던 9천 달러 때문에 벌어졌는데, 파슨즈는 그것이 현실적으로 통용될 수 없는 채권이므로 과세 대상이 아니라고 주장하였다. 하지만 검사관은 그것도 분명 과세 대상이라고 주장하면서 자기 뜻을 굽히지 않았다. 그들은 몇 시간 동안 이 문제로 논쟁을 벌였지만, 조금도 해결의 기미가 보이지 않았다. 완고하고 냉정하며 거만했던 검사관은 마치 끝까지 우기기로 작정한 사람처럼 단 한 발짝도 물러서지 않았다.

그때, 파슨즈는 논쟁을 멈추고 잠시 생각에 잠겼다.

'논쟁은 소모적이야.'

이윽고 그는 이렇게 말했다.

"이 문제는 검사관님이 결정해야 할 중요하고 어려운 여러 가지 문제에 비하면 하찮은 것이라고 할 수 있지만, 저에게는 매우 중요한 것입니다. 그리고 어쩌면 제가 틀렸을 수도 있습니다. 제가 알고 있는 지식은 책으로부터 얻은 이론적인 것이고, 검사관님은 경험으로부터 얻은 실무 지식이므로 저보다 검사관님이 훨씬 더 정확할 것입니다. 그래서 가끔은 검사관이라는 직업이 부러울 때도 있습니다. 소득세에 대해 실질적인 지식을 터득할 수 있기 때문이죠."

파슨즈는 평소에 자신이 느꼈던 감정을 솔직히 털어놓았다. 그러자 검사관도 굳었던 표정을 풀고 편안한 자세로 앉아 자신의 경험담을 들려주었다. 이후 서로의 가족에 관한 이야기까지 하게 되었다. 그리고 마지막에는 그 문제를 자세히 검토하여 빠른 시일 내로 그 결과를 알려주겠다고 말했다.

사흘 후에 파슨즈의 사무실로 찾아온 그는 그 항목에 대해 세금을 부과하지 않기로 결정했다는 사실을 알려주었다. 자신의 권위를 인정받고 싶어 했던 검사관이 자신의 욕구를 충족시키자, 친절한 유형으로 돌아와 객관적으로 일을 처리해 준 것이다.

상대방의 마음이 반항심과 미움으로 가득 차 있을 때는 아무리 시시비비를 따질지라도 상대방을 설득시킬 수 없다. 인간이란 자기 뜻을 쉽게 포기하지 않는 법이다. 따라서 상대방을 자신의 의견에 억지로 복종시킬 수는 없다. 하지만 허물없는 태도로 상대방을 대한다면 상대방의 마음을 변화시킬 수도 있다.

언젠가 링컨은 늘 동료들과 논쟁을 일삼기로 유명했던 어느 젊은 사관에게 이렇게 충고하였다.

"높은 뜻을 지닌 사람은 사사로운 논쟁에 시간을 낭비하지 않는다네. 만약 어떤 일에 대해 완전히 확신하지 못한다면 차라리 양보하는 것이 낫네. 일의 시시비비를 가리기 위해 개에게 물리기보다는 그 개에게 자리를 양보하는 것이 현명한 처사지. 왜냐하면, 설사 개를 죽일지라도 개에게 물린 상처가 치유되는 것은 아니기 때문이라네."

내 말이 옳을 때는 상대방을 '기술적'으로 이끌어야 한다. 그러나 상대의 말이 옳다고 생각될 때는 내 잘못을 진심으로 인정하는 것이 낫다. 논쟁을 통해서는 원하는 것을 얻을 수 없다. 만약 논쟁을 피하거나 그것을 극복할 수 있다면, 오히려 기대했던 것보다 더 많은 것을 얻을 수도 있다.

민낯을 드러내는
맨땅의 유머

링컨이 상원의원에 입후보하여 더글러스 후보와 합동 선거 연설을 벌일 때의 일이다. 먼저 단상에 올라간 더글러스 후보가 링컨의 인격을 깎아내리기 위해 인신공격을 퍼붓기 시작했다.

"모 후보는 자신이 경영하던 식료품 가게에서 공공연히 술을 팔았습니다. 술을 파는 것도, 술을 마시는 것도 일절 금하던 금주 시대에 말입니다."

직격탄을 맞은 링컨은 조용히 앉아 있었다.

이윽고 말을 끝낸 더글러스가 회심의 미소를 지으며 단상을 내려오자, 웅성거리는 청중들을 아랑곳하지 않고 링컨은 당당하게 단상 위로 올라섰다.

"더글러스 후보의 말이 맞습니다."

폭탄 같은 링컨의 선언에 청중들은 더욱더 웅성거리기 시작했다. 이윽고 청중들이 조용해지자 링컨이 말했다.

"더글러스 후보의 말은 모두 사실입니다. 하지만 제가 술을 팔던 시절에 가장 많이 술을 사간 단골손님은 바로 더글러스 후보입니다. 거의 유일한 단골손님이었죠. 문제는 저는 이제 장사를 하고 있지 않지만, 그는 아직도 충실한 단골손님이라는 점입니다."

링컨의 공세에 말문이 막힌 더글러스는 화제를 돌려 링컨을 이중적 인격자라고 비난하였다.

"링컨 후보는 이중인격자입니다. 그는 두 개의 얼굴을 갖고 있습니다."

그 말을 조용히 듣고 있던 링컨이 말했다.

"저도 제 얼굴이 두 개였으면 좋겠습니다. 생각해 보십시오. 만약 제가 두 개의 얼굴을 가지고 있다면 오늘같이 중요한 자리에 다른 얼굴을 두고 하필 이처럼 못생긴 얼굴을 들고 나왔겠습니까?"

청중들은 모두 폭소를 터뜨리고 말았다.

2장

너의 음성이
나의 귓가에
울릴 수 있도록

살아 날뛰는 언어로,
풍부하고 생생하게

사실이 뒷받침된 실례는 말하는 사람의 생각을 명확하게 해주고, 듣는 사람의 흥미를 자극하기 때문에 설득력을 높여준다. 특히 보편적인 이야기일지라도 인간미가 담긴 예화를 가미하면 훨씬 더 호소력이 짙어진다. 따라서 요점은 줄이고 구체적인 실례를 들어 설명하는 것이 좋다. 그렇다면 인간미가 넘치는 재료는 어디에서 뽑아낼 수 있을까?

바로 자신의 '환경'과 '경험'이다. 일단 재료를 뽑아낸 다음에는 다음과 같은 사항에 주의하며 이야기한다.

첫째, '이름'을 사용하여 이야기를 구체화한다.

'그' 혹은 '그 사람'이라 말하지 말고 구체적으로 이름을 사용하는 것이 좋다. 이름처럼 이야기에 진실성을 더하는 것도 드물기 때문이다. 실제로 이름을 많이 부를수록 사람들의 마음을 사로잡을 확률이 높아진다.

둘째, 구체적인 '사실'을 밝힌다.

'누가, 언제, 어디서, 무엇을, 어떻게, 왜'라는 육하원칙을 적절히 사용하며 이야기하면 내용에 생명력이 더해진다.

셋째, '대화'를 집어넣어 극적인 효과를 높인다.

대화체로 이야기를 전개하면 사실을 좀 더 생생하게 묘사할 수 있다. 더욱이 흉내를 잘 낼 수 있다면 그 대화는 훨씬 더 효과적이다.

다음의 두 가지 이야기를 비교해 보자.

"얼마 전에 한 남자가 가게로 찾아왔습니다. 그는 지난주 일요일에 판매했던 세탁기가 제대로 작동되지 않는다며 머리끝까지 화가 나 있었습니다. 하지만 수리를 위해 최선을 다하겠다는 성의를 보이자 안정을 되찾았습니다.”

이 이야기에는 무엇보다 생동감이 없다. 그러면 다음과 같이 바꿔보자.

“지난주 화요일 날, ‘우당탕’ 하는 소리와 함께 가게의 문이 거칠게 열렸습니다. 깜짝 놀라 얼굴을 들어보니 단골손님 찰스 블랙이 잔뜩 화가 난 표정으로 나를 노려보고 있었습니다. 그는 앉으라고 권할 틈도 없이 이렇게 말했습니다.

‘이봐, 당장 차를 보내 세탁기를 실어 가게.’

나는 왜 그러느냐고 물었습니다. 그러자 그가 대들 듯이 말했습니다.

‘그렇게 형편없는 세탁기를 팔다니! 두 번 다시 자네 가게에서 물건을 사는 일은 없을 걸세.’

나는 그가 충분히 화풀이하도록 내버려 두었다가 이윽고 이렇게 말했습니다.

‘잠시 앉게나. 나에게 잘못이 있다면 어떤 변상이라도 하겠네.’

그러자 그는 서서히 안정을 찾아갔습니다.”

넷째, 손짓이나 몸짓을 이용하여 '시각화'한다.

어느 심리학자의 연구 결과에 따르면, 우리가 얻은 지식의 85% 이상은 시각적인 인상을 통해 받아들여진다고 한다. 따라서 여러 가지 몸동작을 동원하여 생동감 있게 이야기한다면 듣는 사람들은 열심히 귀를 기울이게 될 것이다. 만약 팔과 어깨를 써서 흔들리는 비행기의 모습을 표현한다면 전달에 있어서 엄청난 차이가 날 것이다.

다섯째, 구체적인 말로써 '영상미'가 떠오르게 한다.

이야기할 때는 실제로 일어난 일 혹은 고유명사, 숫자, 날짜 등을 반드시 삽입해야 한다는 규칙을 정한다. 동시에 그것을 시각적인 언어로 호소하는 능력을 길러보자. 단순히 '개'라고 표현하는 것과 '불도그'라고 표현하는 것에는 영상미에 커다란 차이를 가져온다. 또한 '불도그'보다는 '얼룩 불도그'라고 표현하는 것이 훨씬 더 선명한 영상미가 떠오른다.

의식적으로 노력한다면 청자聽者의 머리 위를 떠다니는 구름 같은 말이 아니라 명쾌하고 생기 있는 말로 얘기하는 데 그리 오랜 시간이 걸리지 않을 것이다.

프랑스의 철학자 알랭은 이렇게 말했다.

> "추상적인 문체는 어떤 경우에도 좋지 않습니다. 여러분의 문장을 돌이나 금속, 의자, 테이블, 동물 혹은 남자나 여자로 채우십시오."

이야기 역시 마찬가지다. 이야기를 활기차게 만드는 것은 세부적인 것에 대한 충실함이다. 더욱 효과적인 이야기를 하고자 한다면 앞서 언급한 규칙들을 늘 상기해야만 한다.

그림을 그리듯
자세하고 화려하게 표현하라

"1949년, 크리스마스가 가까운 어느 날이었습니다. 나는 아내와 두 아이를 태우고 인디애나 주의 41번 국도를 달리고 있었는데, 도로가 꽁꽁 얼어있던 상태라 속도는 마치 거북이가 기어가는 듯했습니다. 추월하거나 바짝 따라오는 차도 없는 상태에서 지루하게 시간이 흘러갔습니다. 아이들은 연신 몸을 배배 꼬며 갑갑해서 어찌할 줄 모르겠다는 표정을 지었죠.

그러다 갑자기 얼음이 다 녹은 넓은 도로가 나타났습니다. 이미 약속 시간에 늦었던 나는 도착 시간을 조금이라도 앞당기려고 앞차를 따라 액셀러레이터를 힘차게 밟았습니다. 물론 다른 차들도 나와 마찬가지로 스피드를 냈죠. 그렇게 차가 속력을 내자, 지루함에서 벗어난 아이들은 노래를 부르기 시작했습니다.

그때 갑자기 오르막길이 나타났고, 나는 별다른 생각 없이 앞차를 따라 계속 스피드를 냈습니다. 아, 그런데 이게 웬일입니까! 언덕 위에 올라섰을 때, 나는 끔찍한 장면을 목격해야만 했습니다.

내리막길은 아직 얼어붙은 빙판 그대로였고, 우리 앞에 달리고 있던 두 대의 차가 미친 듯이 아래로 곤두박질치는 것이 보였던 것입니다. 하지만 때는 늦었습니다. 내가 '아뿔싸!'를 외치기도 전에 우리 차도 그대로 미끄러져 내려갔지요. 다행히 우리 차는 전복을 면하고 눈이 잔뜩 쌓인 곳에 처박혔습니다. 그러나 우리를 뒤따르던 차가 옆으로 미끄러지면서 우리 차 옆구리를 들이받았고 덕분에 문짝은 깨지고 우리는 유리 파편 세례를 받아야만 했습니다."

이처럼 눈앞에 그림을 그리듯 들려주는 체험담은 듣는 사람에게 마치 그 현장에 있었던 것처럼 느껴지는 생생한 현장감을 준다. 머릿속으로 그림이 그려지는 이러한 이야기는 당연히 듣는 사람의 주의를 끌어당길 수밖에 없다.

시작은 구체적으로,
마무리는 핵심적으로

"첫마디부터 사람들의 주의를 확 사로잡을 수 있는 무언가를 만들어내야 합니다."

노스웨스턴 대학의 총장을 지냈던 해럴드호 박사의 말을 유념한다면, 서두에서 구체적인 실례를 드는 것도 좋다. 청중의 주의력을 즉각 사로잡을 수 있기 때문이다. 상투적인 말로는 청중의 흥미를 이끌어낼 수 없다. 예를 들면 다음과 같은 이야기로 시작하는 것도 좋다.

"1942년 어느 날, 문득 눈을 떠보니 나는 병원 침대에 누워 있었습니다."

"어제 아침 식사 시간에 아내가 커피를 끓이고 있는데….'

"작년 7월, 난 42번 도로를 화살처럼 빠른 속도로 달리고 있었습니다."

"호수 한가운데서 낚시를 즐기다가 문득 고개를 들자, 모터보트 한 대가 나를 향해 쏜살같이 다가오는 것이 보였습니다."

구체적으로 묘사를 할 때 필요 없는 세부 사항을 덕지덕지 붙인다면 오히려 역효과가 날 수 있다. 따라서 이야기의 요점이나 이유를 강조하는 데 도움이 될 만한 세부적인 것만 골라서 써야 한다. 특히 요점에서 벗어나는 장황한 이야기는 듣는 사람을 지루하게 만들 뿐이다.

생생한 세부 묘사와 더불어 액션과 흥분을 삽입한다면 청자에게 주는 인상은 더욱더 강렬해진다. 이처럼 말하는 사람이 열의를 갖고 전달하지 않는다면 강한 표현이 될 수 없다.

경험담을 구체적으로 묘사하는 것은 이야기를 기억하기 쉽게 할 뿐만 아니라, 더욱 재미있고 설득력 있게 만들 수 있다.

그리고 이제 이야기의 마무리 시점에서 남은 시간이 20~30

초일 때는 어떻게 해야 할까?

그 짧은 순간에 여러분은 듣는 사람들 마음속에 이야기의 '요점'을 집어넣어야 한다. 자기주장을 펼쳐야 하는 것이다.

마무리는 다음의 네 가지 법칙에 따라 진행되어야 한다.

첫째, 짧고 구체적으로 말한다.

사람들은 자신이 분명하게 이해할 수 있는 것 이외에는 거의 관심을 갖지 않는다. 따라서 먼저 자기 자신에게 사람들이 원하는 것은 과연 무엇일까를 질문해 보자. 그 질문에 대한 답이 나왔다면 분명하고 구체적인 언어로 이야기한다.

예를 들어 마무리 멘트에서는 "고통받는 어린이 환자들에게 구원의 손길을…."이라는 식이 아니라 "이번 일요일에 25명의 어린이들을 위해 위문공연을 할 수 있도록 이 기부금 서류에 서명을 해주십시오."라고 구체적으로 말하는 것이 낫다.

둘째, 실천이나 행동하기 쉽도록 표현해야 한다.

예를 들어, 타인의 이름을 기억하는 능력에 대해 스피치해야 한다면 "자, 이제부터 타인의 이름을 기억하는 능력을 익힙시다."라고 해서는 안 된다. 이런 경우 "다음에 누구를 만났을 때는 5분 이내에 그 사람의 이름을 5회 이상 되풀이해서 불러 보십시오."라고 말한다. 요점을 구체적으로 제시하는 사람이 일반론을 제시하는 사람보다 훨씬 더 높은 호응을 얻게 될 것이다.

셋째, 듣는 사람에게 어떤 유익이 보장되는지를 밝힌다.

그들에게 어떠한 유익이 있는지 분명하게 말한다. 그것은 잡지의 광고 문안처럼 명쾌하면 좋다.

넷째, 강한 확신으로 마무리한다.

신문의 헤드라인을 강한 문체로 뽑아내듯이 실천이나 행동을 요구할 때는 '생생한 말투'로 솔직하게 강조한다. 《새터데이 이브닝 포스트》의 편집자인 로리머는 당시 한창 인기를 누리던 시리즈를 마무리하면서 "인기가 절정에 달한 직후에는 독자들의 욕구가 이미 충족되었기 때문에 마무리를 짓는 것이 좋습니다."라고 말했다. 사람들이 좀 더 듣고

마무리는
요점 정리로...

싶어 할 때, 마무리를 짓는다.

49년 동안 아프리카 원시인들의 삶을 관찰한 존슨 박사는 저서에서 "광와라는 마을 집회에서 연사의 말이 길어지면 청중들이 '이메토샤'라고 고함을 질러 입을 막는다."라고 밝혔다. 여기서 '이메토샤'란 '충분하다'라는 의미를 담고 있다.

또 어떤 부족은 한쪽 발로 서 있을 동안에만 말을 할 수 있도록 하는 규정이 있다고 한다. 장황하게 늘어놓는 말을 좋아할 사람은 아무도 없다.

호기심을 자극하는
첫마디를 던져라

필라델피아에 있는 펜 육상클럽에서 오웰 헬리는 이렇게 강연을 시작했다.

"지금으로부터 82년 전, 불멸의 작품이 될 운명을 타고난 얇은 소설이 런던에서 출간되었습니다. 사람들은 이 소설을 '세상에서 가장 위대한 단편'이라 불렀죠. 책이 처음 출간되었을 때, 사람들은 친구를 만나면 '그 책 읽었어?'라는 말로 인사를 대신했고, 대답은 으레 '당연하지'였습니다.

그 책이 출판되던 날, 하루 만에 1,000여 권이 팔려나갔습니다. 2주일 만에 주문량은 1만 5천권으로 늘어났습니다. 이후로도 인쇄기는 끊임없이 돌아갔고 지상의 모든 언어로 번역되었습니다. 금융인이자 고서 및 미술품 컬렉터였던 J. P. 모건이 그 책의 초판 원본을 엄청난 액수에 구매하기도 했습니다.

'대체, 그 책의 제목이 뭘까요?'

그것은 바로 영국 소설가 찰스 디킨스의『크리스마스 캐롤』입니다."

10대 초딩도 90대 노인도
알아들을 수준의 언어

사람들을 감동시켜 행동으로 옮기도록 하기 위해서는 쉽고 명확한 표현을 써야 한다. 미국의 산업계 인사인 오웬 영은 명확한 표현을 써야만 하는 이유를 다음과 같이 강조하고 있다.

"타인을 이해시키는 능력을 발전시키면 시킬수록 사회인으로서 적절한 기회를 개척할 확률도 높아진다. 서로의 협력이 필요한 현대사회에서 서로를 이해한다는 것은 무엇보다 긴요한 일이다."

쉽고 명확하게 표현을 하려면 어떻게 해야 할까?

첫째, 제한된 시간에 너무 많은 주제를 다루려 해서는 안 된다.
한 가지 논점에서 갑자기 다른 논점으로 논리를 비약하면 공연히 혼란만 야기하고 수박 겉핥기식의 이야기가 되기 십상이다. 주제에 집중하여 명확히 표현해야 듣는 사람들이 충분히 이해하고 받아들일 수 있다.

둘째, 시간, 공간, 논리적 순서에 따라 이야기를 전개한다.
시간적 순서에 따라 과거, 현재, 미래의 범주로 나눠 생각할수도 있고, 그 반대로 거슬러 올라갈 수도 있다. 어떤 상품의 제조공정에 관한 것이라면 재료 단계에서 여러 가지 공정을 거쳐 완성품을 만드는 과정을 이야기할 수 있다.

셋째, 최초의 요점을 설명하고 나서, 다음 요점을 확실히 지적해 준다.
한 가지 요점을 지적했다면 둘째 요점으로 옮겨가겠다고 분명하게 밝혀 둔다. 이는 듣는 사람이 뚜렷하고 질서정연하게 새겨듣는 가장 간단한 방법 중의 하나이다.

넷째, 잘 알려진 것을 예로 든다.

간혹 말하고자 하는 것이 표현이 어려울 때가 있다. 이럴 때는 사람들이 잘 알고 있는 것에 비유하여 설명하는 것이 좋다.

아프리카로 선교활동을 나간 선교사들이 성서를 번역하다가 난관에 부딪치고 말았다. "너희들의 죄는 피와 같이 붉지만, 눈처럼 순백색으로 깨끗해질 수 있나니…."라는 글을 그대로 번역했다가는 원주민들이 '눈雪'의 의미를 알아듣지 못할 것이 뻔했기 때문이다. 그래서 다음과 같이 표현했다.

"너희들의 죄는 피처럼 붉지만, 야자 열매 속처럼 순백으로 깨끗해질 수 있나니….”

다섯째, 수치의 나열보다는 사실적 표현으로 머릿속에 영상이 떠오르도록 한다.

알래스카의 면적이 1,717,854km^{2}라고 하면 듣는 사람은 그 넓이가 어느 정도인지 가늠하기가 힘들다. 하지만 사람들이 익히 잘 알고 있는 지역과 비유해 그곳의 몇 배에 해당한다고 말해주면 훨씬 이해력이 높아질 수 있다. 카네기 강좌의 어느 수강생이 발표한 다음의 내용은 그야말로 생생한 그림을 그리도록 만들었다.

“여러분이 지금 뉴욕에서 로스앤젤레스를 향해 달려가고 있는데, 그 길가에는 도로 표지판 대신 관이 늘어서 있고 그 관 안에는 작년 1년 동안 교통사고로 사망한 이들이 누워 있다고 가정해요. 자동차는 5초마다 하나씩 그 음침한 관 옆을 스쳐 지나갑니다. 그 관을 모두 세워놓으면 1마일에 12개씩 대륙의 이쪽 끝에서 저쪽 끝까지 죽 이을 수 있을 정도입니다.”

이런 이야기를 들으면 아마도 자동차를 탈 때마다 도로에 관이 획획 지나가는 듯한 느낌이 들며, 안전운전에 더욱 신경을 써야겠다는 생각이 들 것이다.

여섯째, 전문적인 용어는 피한다.

흔히 우리 주위에서 말을 잘하는 사람을 보면 결코 어려운 전문용어가 아니라 알아듣기 쉽고 편한 일상적인 용어를 사용한다는 것을 알 수 있다. 아리스토텔레스는 이렇게 말했다.

"현인처럼 생각하고, 범인처럼 말하라."

부득이하게 전문용어를 써야 할 경우에는 그 용어의 의미를 누구나 쉽게 납득할 수 있도록 설명해야 한다. 특히 자신에게는 익숙한 용어이지만, 듣는 사람에게는 생소한 것일 수도 있으므로 주의해야 한다.

일곱째, 시각적인 보조 수단을 사용한다.

눈에서 뇌로 통하는 신경은 귀에서 뇌로 통하는 신경보다 몇 배나 강하다. 따라서 듣는 사람의 주의를 집중시키려면 이야기에만 의존해서는 안 된다. 한마디로 말해 '백문이 불여일견'이다. 명쾌하게 이야기를 전달하고 싶다면 요점을 눈에 보이듯 묘사하고 생각을 시각화시켜야 한다. NCR의 창시자인 존 패터슨은 《시스템 매거진》에 실은 기사에서 이렇게 주장한 바 있다.

"듣는 사람의 이해력과 집중력을 높이려면 이야기에만 의존해서는 안 된다. 특히 어느 쪽이 올바르고 어느 쪽이 잘못인가를 설명할 경우에는 그림이나 사진으로 보충하는 것이 좋다. 도표는 말로만 설명하는 것보다 설득력이 강하고, 그림이나 사진은 도표보다 훨씬 설득력이 강하다."

또박또박 쉽고 명확한 언어 전달법

주부 대상으로 냉장고의 성에를 제거하지 않으면 안 되는 이유를 설명하는 두 가지 사례이다. 어느 쪽이 쉽고 명확한지 살펴보자.

A 사례

"냉각은 증화기가 냉장고의 내부에서 열을 뽑아내기 때문에 일어나는 현상입니다. 열이 배출되면 동시에 습기가 증화기에 부착되는데, 그것이 두꺼운 층을 형성하면 증화기를 절연시키게 됩니다. 그러면 냉장고는 더욱더 모터를 많이 회전시킬 수밖에 없습니다."

B 사례

"여러분은 냉장고의 어느 부분에서 음식물이 냉동되는지 알고 있죠? 그리고 냉동고에 성에가 낀다는 것도 알고 있을 것입니다. 냉장고가 잘 돌아가도록 하려면 점점 두꺼워지는 성에를 제거해 주지 않으면 안 됩니다. 성에가 두꺼워질수록 냉동장치가 열을 빨아들이기 때문에 냉장고는 차가워지지 않습니다. 그 결과, 냉장고 모터는 더욱더 빈번하게 움직이지 않으면 안 되죠. 하지만 냉장고에 비치된 자동 성에 제거 장치를 이용하면 성에는 두꺼워지지 않습니다. 그러면 모터가 빈번하게 돌아가지 않아도 됩니다."

허세와 의식의 껍데기에서
벗어나라

    말을 잘하기 위해 음성에 의한 의사전달 기술을 연마하거나 기계적인 훈련을 받는 것은 별다른 효과가 없다. 그보다는 오히려 주저하는 태도나 두려움에서 벗어나는 일에 더 신경을 쓰는 편이 낫다.

    사람들 앞에서 자연스러운 태도를 취하는 것은 그리 쉬운 일이 아니다. 네다섯 살 된 아이에게 사람들 앞에서 이야기하라고 하면 아무런 거리낌 없이 하고 싶은 말을 쏟아내지만, 청소년이나 성인은 몸과 마음이 모두 굳어버려 어찌할 바를 몰라 한다. 그 이유는 허세나 의식이라는 껍데기 속에 갇혀 있기 때문이다.

일단 사람들 앞에서 자신의 껍질을 벗어버리면 그다음부터는 언제 어디서든 자신의 견해를 당당하게 표현할 수 있게 된다. 우리가 영화나 연극에 열광하는 이유 중의 하나는 나와 같은 사람이지만 극중 인물들이 발산하는 억제되지 않은 행동을 볼 수 있기 때문이다.

말이라고 하는 것은 어떤 이야기를 하느냐 보다 어떻게 이야기하느냐가 더 큰 문제이다. 왜냐하면 사람마다 각기 개성이 다르기 때문이다.

영국이 아직 로마의 식민지로 있던 시절, 수학자인 퀸터리언은 이런 말을 남겼다.

"만사는 이야기하고자 하는 내용이 아니라, 이야기하는 방식, 즉 '화술'에 달렸다."

사람마다 나름대로 개성이 있다. 각자 주어진 개성을 살려 이야기에 힘과 진실성을 부여해 보자. 다음에서 제시하는 몇 가지 요령을 이미 실천하고 있을지도 모르겠지만, 스스로를 돌아보며 다시 한번 체크해 보자.

첫째, 중요한 말은 강조하고 내용에 따라 강약을 조절한다.
둘째, 음성의 높낮이에 변화를 준다.
셋째, 말하는 속도에 변화를 준다.
넷째, 중요한 말을 한 다음에는 잠시 숨을 고른다.

갑작스러운 침묵은 듣는 사람의 주의를 집중시키고 궁금증을 유발한다. 이야기할 때는 사람들의 눈을 보고 솔직 담백하게 말한다. 더불어 성실성과 열의, 진정성을 보여야 한다.

말을 잘하기 위해서는 다음과 같은 태도를 늘 염두에 두는 것이 좋다.

첫째, 잘 아는 것에 대해서만 말한다.
둘째, 꾸준히 연습하고 신문이나 책을 통해 새로운 정보를 입수한다.

셋째, 일상적이고 편한 용어를 사용하여 자연스럽게 말한다.

말이 머릿속에서 교통정리가 되기 전까지 혹은 말의 정확한 의미를 알기 전까지는 절대로 입을 열어서는 안 된다. 할 말이 머릿속에서 모두 정리되면 그때 천천히 말을 시작한다.

산전수전 다 겪은 자가
수다쟁이가 되는 이유

　인문학 박사와 해군 출신의 한 남자가 일반인들 대상으로 자기 의견을 발표하게 되었다. 박사는 대학에서 학생들을 가르치는 교수였고, 해군 출신의 남자는 트럭 운전자였다. 우리는 대부분 대학교수가 풍부한 표현력과 박식함으로 사람들의 주의를 끌 거라고 생각하겠지만, 결과는 정반대였다.

내용이 풍부하고
경험담이
곁들여졌구만.

대학교수는 교양 있고 세련된 인물로 이야기의 내용도 명료했고 논리적이었다. 하지만 그는 전문적인 언어를 사용해 개념이 모호했으며, 구체적인 경험담이나 예화가 빠져 내용이 건조했다. 한마디로 지식으로 무장된 추상적인 언어만 쏟아낸 것이다.

반면, 운송업자는 자신이 겪은 경험담을 사실적이고 구체적으로 묘사했다. 사업 관계로 알게 된 사람들의 이야기나 법규를 지키며 산다는 것이 얼마나 힘든 것인지를 살아있는 언어로 묘사해 듣는 사람이 신선함을 느끼게 했다.

말이란 생각을 표현하는 것이다. 아무리 진심이라고 해도 그것을 적절하게 표현하지 못한다면 상대를 감동시킬 수 없다.

'말잘러'의 무기는
대담한 용기

적당한 기회에 자신감 넘치는 태도로 자신의 생각과 감정을 타인과 함께 나누는 만족감과 기쁨을 상상해 보라. 말을 잘하는 사람은 언제 어느 곳에 있든지 단연 돋보이게 마련이다. 차근차근 정확하게 정곡을 찌르는 말로써 사람들을 이끌고, 그들의 공감 어린 표정이나 인사를 받는 것은 커다란 기쁨이다.

그렇다면 말을 잘하려면 어떻게 해야 할까? 일단 '말을 잘하겠다'는 목표를 세운다. 전미의학협회 회장 데이비드 알만 박사의 처방전을 참고해 보자.

"최선을 다해 자신의 '진심'을 남에게 알릴 수 있는 능력을 끌어올리세요. 자신의 사상이나 생각을 개인 대 개인의 입장에서, 혹은 한 집단의 입장에서 상대에게 확실히 전달할 수 있도록 노력하세요. 그러한 능력이 향상되면서 자신의 참된 자아가 다른 사람들에게 강한 인상과 충격을 던져주게 된다는 사실을 깨닫게 될 것입니다."

줄리어스 시저가 고르에서 배를 타고 해협을 건너 지금의 잉글랜드에 상륙했을 때, 그는 대단한 결단을 내렸고 실행했다. 그는 병사들을 도버해협에 모아놓고 그들이 보는 앞에서 바다에 떠 있던 군함을 모조리 불살라버렸다.

적지에서 대륙과의 마지막 연결선이 끊기고 퇴각할 최후 수단이 연기처럼 사라져 버렸으니 이제 그들에게 남은 것은 승리하는 것밖에 없었다. 그것은 시저의 군사가 할 수 있는 가장 적극적인 전략이자 시저의 '불굴의 정신'이었다.

우리도 사람들 앞에서 발표의 두려움을 극복하기 위해서는 소극적인 생각은 모조리 불살라버리고, 도피하려는 우유부단한 생각 역시 바다에 던져넣어 버리자. 헤엄을 치려면 물속에 들어가야 한다. 마찬가지로 실제로 자주 말할 기회를 갖지 않는다면 화술을 습득할 수 없다.

버나드 쇼는 어떻게 해서 그토록 말을 잘할 수 있게 되었느냐는 질문에 이렇게 대답했다.

"말을 잘하는 요령은 처음 스케이트를 배우는 요령과 같습니다. 남이 웃더라도 절대로 겁내지 말고 연습을 거듭하면 됩니다."

젊은 시절, 버나드 쇼는 보기 드물게 내성적인 사람이었다. 그는 심지어 친구네 집을 방문할 때도 그 집의 문을 선뜻 노크하지 못해 20분 이상씩 밖에서 서성거렸을 정도였다고 한다. 자신의 그토록 소심하고 내성적인 성격을 극복하기 위해 그는 자신의 약점을 가장 강력한 무기로 바꿔보겠다고 결심했다. 그는 우선 토론회에 가입해 적극적으로 공개 토론에 참가하며 경험을 넓혀나갔다. 그러한 노력으로 내성적인 성격을 완전히 개조할 수 있었다.

사람들 앞에서 말을 하는 것은 일종의 모험이다. 따라서 말을 하겠다는 용기를 발휘해야 한다. 사람들 앞에서 용기를 내야 할 경우, 나 자신 안에 이미 그런 용기가 충분히 있다고 믿고 행동한다. 미국의 유명한 심리학자인 윌리엄 제임스는 이렇게 말했다.

"행동과 감정은 함께 일어납니다. 그러므로 왠지 기운이 없고 풀이 죽은 듯한 느낌을 극복하려면, 자기 자신이 현재 밝고 쾌활한 상태에 있다고 믿고 그렇게 행동해 보세요."

말하기 전에 30초 정도 심호흡을 하면 산소 공급량이 많아져 용기를 북돋우는 데 도움이 된다. 먼저 자신이 메시지를 전달하는 '심부름꾼'이라고 생각해 보자. 사람들은 메시지 그 자체에만 신경 쓸 뿐, 다른 것에 대해서는 그리 관심이 없다. 그렇다면

말을 하는 사람은 말하는 내용 그 자체에만 신경을 집중시키면
된다.

　직접 해보는 것이 요령을 습득
하는 최상의 방법이다. 자꾸 해
보면 자신도 모르게 기술과 요
령이 늘어나는 것을 깨달을
수 있을 것이다.

말하면 말할수록
열리는 입담

루즈벨트 대통령은 어린 시절 겁이 많았으며 청년 시절에도 소심했다. 하지만 자신의 단점을 극복하기 위한 끊임없는 연습을 했다. 그는 사람들 앞에서 말하기를 두려워하는 사람들에게 이렇게 조언했다.

"여러 사람 앞에서 말을 해야 할 때는 용기나 초초함을 다스릴 수 있는 통제력보다 냉철한 '이성'이 더 많이 요구됩니다. 물론 이것은 '실질적인 연습'을 통해서만 얻을 수 있지요. 즉, 냉철한 이성이란 습관의 문제인 것입니다. 연습에 연습을 반복하면 자신의 신경 상태를 철저하게 통제할 수 있는 경지에 이르게 됩니다. 반복된 훈련만이 그러한 경지에 도달하게 해줍니다. 평범한 사람일지라도 연습을 통해 눈부신 성장을 이룰 수 있습니다."

공포를 느끼면
두뇌회전이 빨라진다

"사람들 앞에서 말을 해야 할 때면 두려움이 느껴져요." 다른 사람들 앞에 서면 누구나 두려움을 느낀다. 그것은 결코 여러분만 느끼는 감정이 아니다. 대학생을 대상으로 조사한 바에 의하면, 80~90%가 스피치에 따른 공포감을 느끼는 것으로 나타났다. 하지만 이러한 공포증이 반드시 나쁜 것만은 아니다.

심장의 고동이 빨라지고 숨결이 거칠어지는 것이 의식된다고 해서 당황하거나 걱정할 필요는 없다. 그것은 외부의 자극에 민감한 여러분의 육체가 활동을 개시할 준비를 갖추고 있다는 신

호이다. 그러한 준비가 되어야만 여러분의 두뇌가 평소보다 민첩하게 작동하게 되는 것이다.

사람들 앞에서 막힘없이 재치 있게 열변을 쏟아놓는 사람들 역시 공포증을 경험한다고 한다. 단지 그들은 그것을 자연스러운 현상으로 받아들이고 있을 뿐이다.

저명한 강연자이자 심리학자인 앨버트 에드워드는 자신이 고교 시절에 겪었던 '의견을 말하는 시간'에 대한 공포증에 대해 이렇게 말했다.

"그 시간이 다가올수록 저는 피가 거꾸로 솟아오르는 듯한 느낌이었고 얼굴이 화끈거렸습니다. 저는 '아담스 제퍼슨도 이미 이 세상에 없다.'라는 말로 시작되는 원고를 발표하게 되었는데, 이상하게도 사람들 앞에 서는 순간 머리가 어지러워졌고, 내가 어디에 서 있는지조차 느껴지지 않았습니다. 저는 겨우 더듬거리며 입을 떼기는 했는데, 그만 '아담도 제퍼슨도 죽어버렸다.'라고 잘못 말해 버렸습니다."

"아이들은 책상을 두드리며 박장대소를 터뜨렸고 저는 차라리 죽어버리는 편이 더 낫겠다고 생각했습니다. 그날 이후, 저는 더욱더 사람들 앞에 나서는 것이 싫었지요. 하지만 오늘날 저는 이렇게 멋진 강연자로 거듭나게 되었습니다. 물론 지금도 사람들 앞에 설 때마다 두렵기는 마찬가지입니다. 그것을 극복하는 해법은 피나는 연습에 있지요. 자꾸 해보면 두려움의 강도는 줄어듭니다."

사람은 오관을 통해 외계의 변화를 받아들이고 그것에 맞는 행동을 한다. 따라서 사람들 앞에서 말하고자 할 때, 나타나는 어느 정도의 공포심은 자연스러운 것이다. 이것은 신체의 모든 기관이 정상적으로 작동하고 있다는 증거이다. 그러므로 그것을 인정하고 오히려 역이용할 자세를 갖춰 보자. 어떤 가수는 이렇게 말했다.

"만약 내가 관객 앞에서 가슴이 떨리지 않게 될 때, 가수로서의 생명은 끝난 것이다."

설사 지독한 두려움에 사로잡혀 정신이 멍해지고 얼굴이나 팔다리에 경련이 일어날지라도 절망할 필요는 없다. 특히 초보자에게는 이런 현상이 자주 일어난다. 그것을 극복하는 지름길은 충분한 연습과 성공의 경험을 쌓는 것이다. 일단 익숙해지면 어느 정도의 두려움과 공포심은 두뇌 회전에 오히려 도움이 된다.

흥분되거나 떨리는 것은 정상적인 인간의 자연스러운 모습이라고 생각하라. 그것을 인정한 뒤, 다음 단계로 사람들 앞에서 당당하게 거침없이 이야기하는 자신의 모습을 상상한다면 한번 해보겠다는 의욕

너무 무서워...

이 불타오르게 된다.

공포감에 도전하는 그 자체만으로도 자신이 예전보다 한결 성장해 있음을 느끼게 될 것이다. 다른 사람들 앞에서 공포감을 극복한다는 것은 곧, 보다 여유 있고 충실한 인생의 길로 한 발 더 내딛는다는 것을 의미하기 때문이다.

주어진 기회를
정면으로 돌파하라

유명한 희극배우 찰리 채플린은 숱하게 대중 앞에 섰던 사람임에도 불구하고 방송에 나갈 때마다 대사를 한마디도 빼놓지 않고 종이에 적어 놓았다고 한다. 어느 정도 방송 일에 익숙해진 뒤에도 그는 마이크 앞에 설 때마다 뱃멀미를 하는 것처럼 속이 울렁거렸기 때문이다.

남북전쟁 당시 북군과 노예 해방 주의자들을 구해준 존 브라이트 역시 대중들 앞에 서면서 만약 대중들이 별다른 반응을 보이지 않으면 자신을 위해 환호해 줄 것을 친구들과 가족들에게 미리 부탁했다. 영국의 명재상 디즈레일리 역시 사람들 앞에서 '말하기'보다는 차라리 기병대 대장을 하는 것이 더 낫겠다고 고충을 털어놓았다.

그렇다면 한 세기를 풍미했던 사람들이 이러한 고충을 이겨낼 수 있었던 비결은 무엇일까?

그것은 바로 주어진 기회를 회피하지 않고 받아들였기 때문이다. 그들은 직접 해보면서 경험을 쌓는 것만이 최상의 방법임을 알고 있었던 것이다.

세상 어디에도 없는
나만의 이야기로 공략하라

　말하고자 하는 이야기의 주제는 자신이 가장 관심 있는 분야가 좋다. 주제가 정해졌다면 그 주제와 관련하여 생각할 수 있는 모든 의문점을 떠올려보자. 그런 다음 그 의문점을 해소할 수 있는 자료를 수집한다. 이때 무엇보다 중요한 것은 그 메시지를 담을 수 있는 어느 특정한 대목을 확실하게 선택해야 한다는 점이다. 주제를 정확하게 한정시켜 놓으면 그 뒤의 이야기들은 저절로 나올 수 있다.

　이야기의 내용은 자신이 직접 경험한 일이나, 생동감 있는 것으로 잡는다. 그래야 사람들의 흥미를 이끌어낼 수 있다. 가장 경계해야 할 것은 추상적인 이야기로 사람들을 지루하게 만들어서는 안 된다는 점이다. 특히 경험을 통해 구체적이고 풍부한 사례를 곁들인다면 사람들이 기억하기가 훨씬 더 쉽고 집중력도 높아질 것이다.

미국의 식물학자인 루터 버뱅크는 죽기 전에 이런 말을 남겼다.

"나는 지금까지 한두 종의 우수한 표본을 얻기 위해 수백만 종의 표본을 만들어냈고, 일단 원하는 표본을 얻고 나면 그밖에 다른 것은 폐기시켜 버렸다."

이야기의 내용을 풍부하게 만들려면 100가지의 생각들을 떠올려야 한다. 그리고 그중에서 10가지를 선택하고 나머지 90가지를 버릴 수 있는 판단력이 요구된다.

프루본 J. 신 주교는 젊은 시절, 이야기의 화제는 자신이 먼저 완전하게 '소화'할 수 있어야만 온전한 전달을 할 수 있다는 것을 배웠다.

어느 날, 그는 담당 교수의 방으로 호출되어 호된 꾸중을 들었다.

"자네의 이야기는 정말로 형편이 없군."

"… 이제야 알겠습니다. 제 이야기에는 진심이 깃들여 있지 않았군요."

"이야기에 자네의 마음을 담아야 하네."

"….."

"이제 자네는 최고일세!"

자신의 마음을 담으려면 스스로 그 화제에 대해 어느 정도 흥미를 가지고 있는지 자문해 보아야 한다. 일단 흥미가 있어야 열의를 가지고 사람들에게 이야기를 전달할 수 있다. 말을 잘하는 사람은 듣는 사람이 자신과 똑같이 느끼게 하고, 자신의 의견에 찬성하게 하며, 충분히 간접경험을 할 수 있도록 말한다.

교과서적인 규칙에 얽매이지 마라. 기계적으로 기교를 부리려고 애쓸 필요도 없다. 감정이 섞이지 않은 원고를 달달 외워 성실성 없는 말과 동작으로 줄줄 읽어 내려가는 것보다는 비록 통일성이 떨어지더라도 활기차고 자연스럽게 말하는 것이 좋다. 즉, 개인적인 개성을 이야기 속에 그대로 담아내는 것이 중요하다.

모든 것을 순식간에
앗아가는 습관

어떤 사람이 책 한 권을 샀는데 그 안에는 관심을 끄는 것이 하나 있었다. 고급 피지로 만든 가느다란 조각에 '시금석'의 비밀이 기록되어 있었다. 시금석은 일반적인 금속을 순수한 금으로 변화시킬 수 있는 조그마한 수정이다. 기록에는 수정이 흑해의 해변에 있다는 것과, 수많은 자갈 속에 섞여 있다는 사실이 적혀 있었다. 그리고 비밀은 바로 이것이었다.

"수정은 따스하게 느껴지지만, 보통의 자갈은 차갑다."

그는 그날부터 흑해의 해변에서 자갈들을 하나하나 만져보며 수정을 찾기 시작했다. 돌을 집어 들었을 때 차갑게 느껴지면 곧장 바다로 던져버리는 행동을 온종일 되풀이했다.

그럭저럭 일주일, 한 달. 일 년 그리고 삼 년이라는 세월이 흘렀다. 그러나 그는 그 일을 계속하였다. 조약돌을 집어서 차갑게 느껴지면 그 돌을 바다에 던져버리는 것이다.

그러던 어느 날 아침, 마침내 따스하게 느껴지는 조약돌을 하나 집어 들었다. 그런데 그는 그만 늘 하던 대로 습관적으로 조약돌을 바다에 던져버리고 말았다. 그에게는 이미 돌을 바다에 던져버리는 습성이 몸에 배어버린 것이다.

결국 그토록 간절히 원하던 돌을 손에 쥐었음에도.

즉석밥, 즉석라면보다
더 맛있는 즉석 스피치

살다 보면 아무런 준비도 하지 않았는데, 갑자기 이야기를 해야 할 상황에 놓이기도 한다. 그러면 대부분의 사람은 당황하기 마련인데, 이때 중요한 것은 즉시 상황을 판단하고 짧은 시간 안에 정확하게 무슨 이야기를 할 것인지를 결정하는 일이다. 이럴 때는 특히 처음의 몇 초 동안이 승부를 결정한다. 딱히 할 말이 없다면 즉시 실례를 들어 이야기를 시작하라.

실례를 이용해야 하는 까닭은 다음과 같다.

첫째, 실례를 이용하는 즉시 다음 말을 찾아내야 하는 어려움에서 해방된다.

경험에 의한 것을 술술 풀어내기만 하면 되기 때문이다.

둘째, 실례를 이용하면 이야기 진행이 어렵지 않아 처음의 두려움을 몰아내고 이야기를 다듬을 수 있는 여유마저 갖게 된다.

셋째, 실례를 이용하면 즉시 듣는 사람들의 관심을 끌게 된다.

일단 주의력을 끌게 되면 이야기를 전개하기가 쉬워지지만, 이때 길게 늘어놓는 함정에 빠지지 말고 요점을 간결하고 쉽게 말해야 한다.

말을 할 때는 당당하고 자신감이 넘치는 태도로 힘차게 말해야 한다. 허둥대지 않는 간결한 손짓이나 몸짓을 섞어가며 거침없이 말하는 사람을 보면 자신도 모르게 빠져들게 마련이다. 말하는 사람 역시 일단 신체에 활력을 주입하면 정신 역시 굉장한 속도로 호응하기 때문에 열정적으로 말하게 된다.

즉석 스피치를 할 때, 테마를 발견하는 세 가지 원천은 다음과 같다.

첫째, 듣는 사람들을 테마에 등장시킨다.

청중이 어떤 부류의 사람들이고 무슨 일을 하고 있는지, 특히 그들이 사회에 대해 혹은 인류를 위해 하는 일이 무엇인지 등을 이야기한다.

둘째, 장소의 분위기와 특수성을 고려한다.

모임이 열리게 된 동기나 어떤 주제를 가지고 모였는지 등을 이야기한다.

셋째, 다른 사람들이 말한 내용을 찬성하는 동시에 확대한다.

즉석 스피치에서 가장 인기가 좋은 것은 그 상황에 적합한 내용의 이야기이다. 따라서 여러분이 그 자리에서 느끼고 있는 것을 솔직히 표현하는 것이 좋다. 그러면 그 이야기는 그 자리에 딱 들어맞을 것이다. 왜냐하면 그것은 그 자리를 위해 그리고 그 장소를 위해서만 만들어진 이야기이기 때문이다.

즉석 스피치는 많은 시간이 주어지는 것이 아닌 만큼, 여러분의 생각을 간결한 말로 간추릴 수 있도록 준비해 두어야 한다. 그리고 기회가 주어지면 생각해 두었던 것을 가능한 한 쉽고 간단하게 말한다.

설사 '즉석'에서 말하는 것일지라도 그냥 입에서 나오는 대로 내용의 전후 연결도 없이 마구잡이식으로 말하면 곤란하다. 듣는 사람들과의 교감을 고려하여 이야기하고 부수적인 관념이나 생각을 논리적으로 끌어모아야 한다. 실례 또한 그러한 범위에서 벗어나면 안 된다.

분위기에 맞는 말을 열정적으로 쏟아낸다면 즉석에서 끄집어낸 말일지라도 의외로 강한 펀치력을 지닐 수 있음을 기억하라. 그리고 서서 이야기하는 것에 대한 두려움을 떨쳐버려라. 기회가 주어지는 대로 시도하고 도전한다면 얼마든지 서서 이야기하는 것에 익숙해질 수 있다.

우선 짧은 이야기부터 시작한다. 그런 다음, 한 가지 또 한 가지를 하는 식으로 이야기를 쌓아나가면서 경험을 축적한다. 그러한 연습을 하면 할수록 다음에 이어지는 이야기가 앞의 이야기보다 쉽게 할 수 있다는 것을 깨닫게 될 것이다. 물론 내용의 질도 향상된다.

세계 항공 사상 최초로 시험비행에 성공한 라이트 형제가 어느 축하회에서 즉석 스피치를 하게 되었다. 하지만 느닷없는 요청에 당황했던 형 윌버 라이트는 무슨 말을 해야 할지 고민스러웠다. 그는 천천히 걸어 단상으로 올라갔다. 조금이라도 생각할 시간을 벌고 싶었던 것이다. 그래도 할 말이 생각나지 않았던 그는 짧지만 인상적인 말 한마디만 하고 내려올 생각으로 입을 열었다.

"새 중에서도 떠버리로 소문난 새는 날 줄을 모릅니다. 반면 잘 나는 새는 또 떠버리가 못됩니다. 잘 나는 새가 지저귀지 못하는 것처럼 저 역시 이만 말을 마치겠습니다."

짧은 한마디였지만, 축하객들은 그럴듯하다고 생각하지 않을 수 없었다.

실전 링에서 빛을 발하는
준비의 시간

어느 제약회사에서 신설 연구소의 준공식을 위해 각계의 지도적 위치에 있는 사람들을 초대하였다. 그때, 연구소 직원 여섯 명이 차례로 나와 화학자나 생물학자의 흥미진진한 생각들을 자신 있게 토로하였다.

전염병에 대한 새로운 백신 개발이나 바이러스와 싸우는 항생물질, 긴장을 완화하는 신경안정제에 관한 그들의 사실적인 이야기는 듣는 사람들의 호기심을 끌어당기기에 충분했다. 그들의 말이 끝나자, 사회자는 "여러분이 이룬 성과가 참으로 대단하군요. 당신들이 마치 마법사처럼 보입니다. (하하!) 그렇다면 여기서 연구소장님의 말씀을 들어보지 않을 수 없죠."라고 소장님께 즉석 스피치를 요청했다.

그러자 연구소장은 "저, 저는 준비가 안 되어서….."라며 어쩔 줄 몰라했다.

오랜 시간 공들여 준비한 것을 발표하는 능력보다, 자기 생각을 즉석에서 간추려 이야기하는 능력이 더 중요하다. '난데없이 불쑥 이야기하라고 하니 무슨 얘기를 해야 할지 몰라서.'라는 핑계를 대지 말고 주어진 발언권을 충분히 활용할 수 있도록 평소 연습해 두어야 한다.

3장

너의 상처를
나의 마음으로
위로할 수 있도록

나의 실패담을
매력으로 발산하라

누구나 실패 혹은 실수한 경험이 한두 번 정도는 있을 것이다. 이러한 실패담을 사람들에게 담담하게 들려주는 사람과 그렇지 않은 사람 중에서 누가 더 사랑을 받을까? 당연히 자신의 실패담을 거리낌 없이 드러내놓는 사람이다.

중심인물이 되고 싶다면 존경을 받기보다 사랑을 받는 것이 낫다. 그리고 사랑을 받으려면 자신의 실수나 실패담조차 담담하게 털어놓아 '인간적'으로 가까워져야 한다.

실패나 실수는 그 사람을 못났다고 증명하는 증거가 아니다.

그러나 자존심이 강한 사람은 좀처럼 자신의 실수를 끄집어내고자 하지 않는다. 하지만 그러한 벽이 쌓이면 사람들은 접근하기 싫어한다. 따라서 그러한 벽은 스스로 깨야 한다. 실패담을 이야기하면 사람들은 경멸하기는커녕 오히려 따뜻한 친밀감을 느낀다.

✳ 아무리 어려운 일일지라도
꾸준히 노력하면 마침내 이룰 수 있다

사람은 뿌린 대로 거두지만 혹시 운이 좋지 않아 그만큼 거둘 수 없었더라도 언젠가는 다시 기회가 찾아온다. 성공하지 못한 것은 실패가 아니다. 다만 성공하지 못했을 때 좌절하고 다시 일어서지 못하는 것이 실패다.

백열전구와 축음기, 활동사진 등 수많은 발명으로 유명한 에디슨은 무서울 만큼 노력을 기울인 인물이다. 그는 한 번 실험에 착수하면 말 그대로 침식을 잊을 정도로 몰두하였고, 그러한 그에게 날이 저물어 어두워지는 것은 커다란 장애였다. 그런데 이는 그에게 전등을 발명하도록 한 주요 원인이 되었다.

에디슨은 '성공의 비결은 시계를 보지 않는 것에 있다'라고 말한다. 즉, 시간에 개의치 않고 꾸준히 노력하는 것만이 성공의 비결이라는 것이다. 실제로 초등학교조차 졸업하지 못한 에디슨이 발명왕으로 불리게 된 것은 그러한 노력의 결과였다.

한 시대를 풍미한 조지 워싱턴은 17세와 22세, 29세 때 말라리아에 걸렸다. 19세 때는 천연두에, 20세 때는 늑막염에, 35세 때는 급성 이질에 걸려 죽음의 고비를 넘겨야 했다. 그리고 43세 때는 치아가 거의 다 손상되어 고통을 당했다. 하지만 43세 때인 1775년에는 미국 혁명군의 사령관이 되어 독립운동을 지휘함으로써 국민적 영웅이 되었고, 그로부터 12년 후에는 미국 초대 대통령이 되었다. 강한 신념으로 67세까지 사는 동안 수많은 업적을 남겼다.

홈런 한 방이면 한 점으로 그칠 수 있지만, 안타 두 방이면 2점의 점수를 올릴 수 있는 기회가 주어진다. 그러므로 단번에 성공의 목표가 실현되기를 기대하기보다 착실한 노력으로 좋은 결과를 쌓아 올리려는 의지가 필요하다. 물론 한 번의 장타로 완전한 승부를 가름할 수도 있겠지만, 지나치게 장타에 기대면 비참하게 스트라이크 아웃을 당할 수도 있다.

알프스산맥을 넘은 나폴레옹이나 한니발도, 세계를 일주한 마젤란도, 목숨을 걸고 지동설을 주장한 코페르니쿠스도 강한 신념의 소유자들이었다. 일단 '하면 된다'는 신념을 불태운다면 행동은 저절로 뒤따른다.

✳ 사람을 판단할 때, 내 기준이 아니라 그들의 기준으로 판단하라

남북전쟁 시절, 남부군의 총사령관인 로버트 E. 리 장군은 남부동맹의 의장인 제퍼슨 데이비스에게 자기 휘하에 있던 어느 장교에 대해 입에 침이 마르도록 칭찬을 하였다. 그러자 그 자리에 함께 참석했던 다른 장교가 그 말을 듣고 깜짝 놀라 물었다.

"장군! 장군께서 입에 침이 마르도록 칭찬하는 그 장교가 기회가 있을 때마다 장군을 중상모략한다는 사실을 모르십니까?"

"알고 있네. 하지만 의장께서는 그 장교에 대한 나의 의견을 물었던 것일세. 나에 대한 그 장교의 태도에 대해 물은 것이 아니지 않는가."

✳ 자기 마음이 말하는 대로 행하라

자기암시는 욕망을 구체적인 영상으로 만들어 자신을 컨트롤한다. 더불어 자극을 주고 끈질긴 인내를 발휘하도록 해준다. 그러므로 성공을 위해 실천해야 할 것은 지속적으로 자신의 사고 속에 욕망을 암시하는 것이다. 해내겠다는 확고한 의지보다 더욱더 필요한 것은 해낼 수 있다는 긍정적인 자기암시이다.

헌신적으로 농아들을 가르쳤던 한 교사는 늘 어떻게 하면 잘 듣지 못하고 말하지 못하는 아이들에게 희망과 용기를 줄 수 있을까를 연구하며 지냈다. 그러던 중, 한 농아 여학생과 사랑하게 되었고 사람들의 축복을 받으며 결혼했다. 그는 사랑하는 아내에게 사랑한다는 말을 전하기 위해 보청기를 연구하다가 그것을 발전시켜 인류 최초로 전화기를 발명하게 되었다.

그가 바로 알렉산더 그레이엄 벨이다.

조언을 하기보다,
상대의 마음을 먼저 헤아려라

친구들과 대화를 하다 보면 어느 때는 조언이나 충고를 하게 되는 경우가 있다. 이때 정답고 부드러운 어조로 말하여 그들의 마음에 상처를 남기지 않아야 한다. 섣부른 역정이나 큰소리는 오히려 역효과를 불러올 수 있다. 힐책의 말보다는 격려의 말이, 충고의 말보다는 부탁의 말이 선행되어야 한다. 설사 격한 어조로 힐책하고 싶더라도 이야기가 끝난 뒤의 결과를 고려하는 것이 바람직하다.

사람은 감정이 격해지면 내쏘는 한마디 한마디에 어딘가 모르게 허점이 노출되게 마련이다. 특히 상대의 주장을 뒤엎으려는 의도에서 출발한 것이라면, 즉흥적인 편견으로 인해 오히려 역공당할 수도 있다.

이종린 박사가 어느 날 대학에서 강의할 때의 일이다.

평소에 통계수치나 기록, 역사적인 연대에 해박한 그였지만, 그만 실수를 하고 말았다. 정치사를 강연하는 도중에 프랑스 대혁명의 연대를 잘못 말했다. 그러자 한 짓궂은 학생이 그것을 꼬집어서 이렇게 말했다.

"교수님, 프랑스 대혁명은 1798년이 아니라 1789년에 일어났습니다."

컴퓨터처럼 정확하기로 유명한 교수의 실수를 지적하자, 강의실은 온통 웃음바다가 되고 말았다. 그때 무안을 당한 교수가 조용히 그 학생에게 말했다.

"자네 무슨 과인가?"

"네, 정치학과입니다."

"자네는 당장 전공을 바꾸는 것이 낫겠군."

"무슨 말씀이십니까?"

"정치학을 전공한다는 학생이 교수가 연대 하나 실수한 것을 지적할 정도로 아량이 없다면, 어찌 배포 큰 정치를 하겠나. 당장 전공을 바꾸는 것이 낫겠네."

어느 집 파티장에서 한 손님이 그 집의 귀중한 화병을 깨뜨리고 말았다. 평소 집주인이 그 화병을 애지중지한다는 것을 알고 있었던 손님은 안색이 백지장처럼 하얗게 변하고 말았다.

"정말로 죄송합니다. 이런 엄청난 일을 저지르다니…."

그러자 집주인은 빙그레 웃으며 이렇게 말했다.

"괜찮습니다. 몇 년 전에 친구로부터 받은 선물인데 깨뜨리면 어쩌나 하고 늘 노심초사했지요. 늘 신경이 쓰여서 마음이 불안했는데 차라리 잘 되었어요. 근심거리 하나를 줄여주셨네요."

오히려 심플한 샘플

*9

　사람은 누구나 어떤 상황에서든 자기 합리화를 위한 변명거리를 끄집어낼 수 있으므로 말재주만으로 상대를 제압할 수 있을 것이란 생각은 금물이다. 따라서 우선 상대방의 기분을 맞춰주고 자신의 의견에 동조하도록 만드는 여유가 필요하다. 상대의 문제를 '직선적'으로 꼬집는 것은 벌집을 건드리는 것이나 마찬가지일 수 있다. 경우에 따라서는 제삼자의 예를 드는 것도 좋다.

　자동차 한 대가 공사를 위해 맨홀 뚜껑이 열려 있는 것을 보지 못하고 그대로 달리다가 바퀴가 맨홀에 빠져버리고 말았다. 당황한 운전자는 어떻게 해서든 빠져나오려고 애를 썼지만, 차는 꼼짝도 하지 않았다. 할 수 없이 운전자는 119에 전화를 걸어 상황을 설명했다.

"맨홀에 자동차 바퀴가 빠졌는데 도저히 손을 쓸 수가 없군요."

119대원들은 즉각 달려왔고 온갖 수동식 장비를 동원하여 빠져나오려고 애를 쓰다 더욱더 깊이 박혀 버린 타이어를 빼내기 위해 애를 썼다. 하지만 수동식 장비로는 도저히 타이어를 빼낼 수 없다는 결론을 내리고 중장비를 동원해야겠다는 의견을 모으고 있었다. 그때 한 소년이 그곳을 지나가다가 그 모양을 보더니 이렇게 말했다.

"아저씨! 바퀴가 맨홀에 빠졌군요. 지난번에도 이런 일을 당한 사람을 보았는데…. 그때 구조대원들은 아주 쉽게 바퀴를 빼내던데…."

"뭐라고! 어떻게 했단 말이냐?"

"그냥 간단하게 타이어에 펑크를 낸 다음 꺼내던데요."

의외로 일이 쉽게 풀리는 비결,
수그러들기

누군가와 대립 상황일 경우, 먼저 상대의 자존심을 살려주어 이야기가 그의 의도대로 풀려나가기를 꾀하는 것이 바람직하다. 서로 자기 입장만 고집하고 조금도 수그러들지 않으려 한다면 더 이상 이야기는 진행되지 않고 반복만 이어질 뿐이다. 상대방이 틀렸다는 생각이 들지라도 이렇게 말하는 것이 좋다.

"나는 그렇게 생각하지 않습니다만, 내가 틀렸을 수도 있습니다. 다시 한번 생각해 보겠습니다."

"아마도 내 잘못일 것입니다. 간혹 실수하거든요. 다시 한번 생각해 보죠."

위대한 소크라테스조차 이
렇게 말했다.

"나는 오직 한 가지밖에
모른다. 그것은 내가 아무
것도 모른다는 것이다."

어느 건설회사에서 건물을 짓고 있을 때, 완공 일을 며칠 앞
두고 갑자기 자재를 납품하는 업체에서 날짜를 맞추지 못하겠
다는 연락을 해왔다. 공사 자재가 들어와야만 완공 일을 지킬 수
있는데 참으로 난감하지 않을 수 없었다. 현장 소장은 직원이 제
날짜를 지키지 않으면 손해가 이만저만이 아니라는 것을 설명하
는 소리를 들으며 속이 부글부글 끓어오르는 것 같았다.

참다못한 소장은 납품업체를 찾았고 업체 사장과 이야기를
나누던 중 그와 고향이 같다는 사실을 알게 되었다. 고향 사람을
만난 사장은 기쁜 표정을 지으며 함께 식사하자고 제안했다. 식
사를 마친 후 그들은 함께 공장을 돌아보았고, 소장은 이런저런

칭찬의 말을 해준 뒤에 이렇게 말했다.

"우리 회사 말고도 납품을 하는 곳이 상당히 많군요. 정말 대단하십니다. 좀 더 일찍 주문했어야 하는데…. 너무 촉박하게 주문을 해서 사장님께 누를 끼쳤군요. 정말 죄송합니다."

"아 참, 사실은 그 문제 때문에…. 저, 미안하게 되었소. 그래도 내가 최선을 다해 보리다. 물론 오늘은 납품하기 힘들겠지만, 어떻게든 완공 일은 맞추도록 해보겠소."

결국 그 건물은 완공 일을 지킬 수 있었다.

아무것도 하지 않으면,
아무 일도 일어나지 않아

잘 듣지 않는 유형의 사람들도 구체적인 예화나 실례가 들어 간 이야기에는 귀를 기울이게 마련이다. 흥미로운 이야기에 구 미가 당기기 때문이다.

히틀러는 째지는 듯 날카로운 목소리에다 말끝마다 멈칫하는 스타일 때문에 그다지 연설의 대가라고 할 수 없었다. 하지만 충 분한 예화, 공감할 수 있는 실례를 효과적으로 사용하여 사람들 의 열광적인 호응을 얻어냈다.

우리 주위에서 말을 잘하기로 유명한 사람들을 자세히 관찰해 보면, 색채가 풍부하고 드라마틱한 세부적 묘사를 사용해 이야기한다는 것을 알 수 있다. 그들의 말은 마치 한 편의 영상을 보는 것처럼 느껴진다. 이러한 기술을 터득하려면 무엇보다 먼저 나도 할 수 있다는 자신감을 가져야 한다. 그러면 의욕이 자극을 받게 되고 활기차게 움직이도록 행동의 톱니바퀴가 움직이게 된다.

행동은 움직이고 활용할 때 비로소 창조적 성장을 계속하게 된다. 스스로 택한 행동에 갈채를 보내라. 반대로 겪지 않고 인생을 개척해 나갈 수는 없다. 타인은 결코 여러분의 행동을 채점하는 시험관이 아니다.

폴란드의 유명한 피아니스트 파데레브스키는 처음으로 레슨을 받고 나서 선생으로부터 이런 말을 들었다.

"네 손은 조막손이라 피아노를 아예 그만두는 것이 낫겠다."

불후의 테너 가수 카루소도 처음 노래를 부르고 나서 이런 혹평을 들었다.

"너의 목소리는 구멍 뚫린 문풍지에서 나는 소리 같구나."

월트 디즈니가 처음으로 만화 원고를 들고 신문사를 찾았을 때, 그는 '수준 이하'라는 말을 들으며 거절을 당했다.

자동차 왕 포드는 처음으로 자동차를 만든 후 후진기어를 달지 않았다는 사실을 깨달았다.

1445년, 독일의 보석기술자인 구텐베르크는 우연한 실수로 인해 엄청난 발명을 하게 되었다. 자신에게 인쇄에 대한 감각이 있음을 깨닫고 성서를 목판에 인쇄하기 위해 목판을 만들던 그는 실수로 목판에 흠집을 내고 말았다. 당황한 그는 오랫동안 정성을 들인 목판을 활용할 수 있는 방법이 없을까를 고민하다가 목판의 글자를 한 자 한 자 떼어내서 쓰는 것이 좋겠다는 아이디어를 떠올리게 되었다. 그 결과, 그는 오랜 세월 동안 수작업으로 이루어져 한 권의 성서를 만드는 데 수십 년이 걸렸던 것을 단 며칠로 줄여놓을 수 있었다.

인생을 망치는 것은 실패가 아니라 바로 '좌절'이다!

말은 타보고
사람은 사귀어보라

우리는 살면서 주는 것 없이 미운 사람도 있고, 아무런 이유 없이 그냥 가까이하기 싫은 사람을 만나기도 한다. 그런 이들과 이야기하려면 상당한 인내심과 자제심이 요구된다. 하지만 사람을 사귀고 보면 그렇게 나쁘기만 한 사람은 없다. 또한 접근하기 싫은 사람일수록 더욱더 화법에 신경을 쓰게 되므로 오히려 자신의 화술을 연습하는 데 도움이 될 수도 있다.

독일의 위대한 철학자인 임마누엘 칸트는 몸이 무척 허약했다. 한번은 갓 인쇄되어 나온 신문을 읽으려고 신문을 펼치는 순간 호흡기 질환에 걸리고 말았다. 인쇄잉크가 충분히 마르지 않은 탓이었다. 이토록 몸이 약했던 그였기에 산책 중에 말을 걸어오는 낯선 사람들을 가장 싫어했다. 말을 걸어오면 응대하지 않을 수 없고, 그러다 보면 차가운 공기나 바이러스가 입을 통해 전파돼 감기에 걸릴 수도 있었기 때문이다.

소크라테스 역시 악처의 대명사로 불리는 그의 아내 크산티페에게 쩔쩔맸다고 한다.

이처럼 우리 같은 평범한 사람은 물론이고 유명한 철학자에게도 분명 상대하기 싫은 사람은 있는 법이다. 그렇다고 그들을 완전히 무시하고 살아갈 수도 없다. 어찌 되었든 우리는 사회적

동물인 이상 사람들과 어울려 살아갈 수밖에 없는 것이다.

어떤 기회든 피하지 마라. 오히려 가까이 하기 싫은 사람과의 기회를 많이 가질수록 모나지 않고 붙임성 좋은 사람이 될 수 있다. 또한 작은 일에 쉽게 동요되지 않는 성격을 지니게 된다. 더 나아가 상대를 싫어하는 자신을 반성하는 계기도 될 수 있다. 직접 부딪쳐보기 전까지는 상대에 대해 알 수 없는 법이다.

누구나 아는 사실을 근거로,
아무도 모르는 말처럼

근거 없는 말은 사람들에게 신뢰를 주지 못한다. 자신이 직접 경험했거나 보지 못한 것을 가지고 떠벌리면 허풍쟁이나 떠버리라는 소리만 듣게 될 뿐이다. 그런데 직접 경험하지 못했을지라도 공인된 사실을 근거로 하여 이야기하면 직접 사실을 확인할 수 없는 사람들의 마음을 쉽게 휘어잡을 수 있다.

서양화를 그리는 어떤 화가는 사람들을 만날 때마다 프랑스 이야기나 현재 파리의 화랑 혹은 문예사조에 대해 유창하게 이야기했다. 어찌나 화제가 풍부했던지 듣는 사람들은 얼마 지나지 않아 그의 이야기 속으로 푹 빠져들었다. 어느 날, 친구가 그에게 말했다.

"이봐, 자네는 아직 파리는커녕 이웃 나라 일본도 갔다 온 적이 없지 않은가?"

"물론이지."

"그런데 어찌 그리 뻔뻔하게 마치 파리를 갔다 온 것처럼 이야기하는가?"

"그 정도로 뭘 그래. 사실 소설가 김 씨도 세계 일주는커녕 외국 여행은 단 한 번도 해보지 않았지만, 세계문학의 흐름이 어떻고 현대 유럽 소설이 어떻고 신문에 연일 써대지 않든가."

"그야 그렇지만…."

자신이 직접 경험하지 못했더라도 이미 공인된 사실을 예로 들면 반박을 하던 상대는 할 말이 없어진다. 더욱이 그 예를 드는 사람이 반박하는 사람의 주변 인물이라면 더욱 효과적이다.

특히 논리적인 응수에 자신이 없을 경우에는 굳이 논리로 압도하려 하지 말고 상대방이 이미 알고 있고, 또한 별다른 반박이 따르지 않을 만한 사례를 드는 것이 좋다. 그 사례가 상대방이 인정하는 것이라면 더 이상 반박은 없을 것이다.

걸림돌을
디딤돌로 삼는 자세

대화에는 당연히 장애 요소가 따라오기 마련이다. 그러므로 상대가 자신에게 전적으로 호의적인 반응을 보일 것이라는 안일한 사고방식은 금물이다. 그러나 두려워할 필요는 없다. 일단, 장애에 부딪히면 그것을 이해하고 받아들이는 태도뿐만 아니라 더 나아가 그 장애를 자신에게 유리하게 작용하도록 이용할 줄 알아야 한다.

상대가 소심한 편이어서 설득을 받아들이는 태도가 미온적이라면 "사려가 깊군요."라는 표현으로, 고집을 피우면 "신념이 굳군요."라는 말로 상대방의 장애 요소를 긍정적으로 해석한다. 또한 잘 설득되지 않는 사람은 거만하고 뻔뻔하다고 생각하지 말고 '무척 솔직하군.'이라는 긍정적인 생각과 표현으로 대응하면 분위기를 주도해 나갈 수 있다.

평소에 선수들을 매우 혹독하게 훈련시키기로 유명한 어느 농구코치가 있었다. 그의 엄격한 훈련을 견디다 못해 하루는 어떤 선수가 그를 찾아와 이렇게 말했다.

"코치님, 더 이상 훈련을 받을 수가 없습니다."

"이유가 뭔가?"

"너무 힘들어서 코치님의 훈련 방식을 받아들일 수가 없단 말입니다."

그 선수는 늘 큰소리를 치는 코치에게 맞대응을 하고자 단단히 마음을 먹고 온 상태라 만약 코치가 고함이라도 지르면 맹렬히 싸울 생각이었다. 그런데 기대와 달리 코치는 아주 부드러운 목소리로 이렇게 말했다.

"그래, 훈련이 좀 힘들긴 할 거야. 하지만 승리의 영광을 누리려면 그 정도의 훈련은 견뎌내야 하네. 자네는 지금까지 세계적인 선수를 꿈꿔오지 않았나. 세계적인 선수가 되려면 앞으로 이보다 더한 시련도 따르게 될 거야. 이 정도는 아무것도 아니라고….”

울부짖는 호랑이의 기세로 강하게 꾸짖을 줄 알았던 코치가 의외로 부드럽게 충고하자, 선수는 갑자기 맥이 탁 풀려버리고 말았다. 듣고 보니 코치의 말이 구구절절 옳았다. 그 선수는 다시 훈련에 돌입하였고, 그해 경기에서 좋은 결과를 얻었다.

180초에
승부를 걸어라

　인간은 본래 남의 이야기 듣는 것을 그다지 좋아하지 않는다. 따라서 이야기가 길어지면 이런저런 불평을 쏟아내거나 심지어 자리를 뜨기도 한다. 이야기는 짧을수록 인상이 선명하고 이해도 빠르다. 아무리 길더라도 3분을 넘기면 곤란하다. 때에 따라서는 2분도 길게 느껴진다.

　낯선 사람을 만나 "10분만 시간을 내주시겠습니까?"라고 말하면 선뜻 들어주는 사람이 별로 없지만, "3분만 시간을 내주시겠습니까?"라고 말하면 어느 정도 긍정적인 반응을 보인다.

　특히 여러 사람이 모인 자리에서 돌아가며 이야기를 할 경우

2. 3분 정도가 적당하다. 5분만 넘어가도 듣는 사람에게는 지루하고 장황하게 느껴진다.

　영국의 에드워드 7세는 식사 예법에 몹시 엄격한 왕이었기 때문에 손자인 왕자들은 언제나 식사시간을 두려워했다. 특히 요크 대공은 태어나면서부터 말더듬이였는데, 어느 날 할아버지와 함께 식사하다가 갑자기 더듬거리며 뭐라고 말하려 하였다. 그러자 왕은 벼락같이 호령을 내렸다.

"버릇이 나쁘구나!"

그 말에 왕자는 입을 다물어버렸고 식사가 끝난 뒤, 왕이 말했다.

"아까 하고자 했던 말을 이제는 해도 좋다."

하지만 요크 대공은 급하게 머리를 가로저으며 말했다.

"이, 이제는 늦었어요."

"늦었다고? 무슨 일이냐?"

"그, 그때 하, 할아버지께서 이, 입에 넣으신 새 샐러드에 더, 더러운 버, 벌레가 묻어 이, 있었는데 그만…."

4장

나의 웃음이
너의 가슴을
울리도록

쥐도 새도 모르게
스며드는 말버릇

    자신은 미처 깨닫지 못하지만, 남들이 보기에 그다지 바람직하지 못한 자세를 지닌 사람이 많다. 예를 들면 손톱을 깨물거나 머리를 긁적이거나 혀를 내밀거나 무릎을 떨거나 코를 만지작거리는 사람들이다.

    또한 신체적인 동작뿐만 아니라 '결국, 그리고, 에, 그러니까' 등의 온갖 수식어들 남발하는 경우도 많다. 물론 처음 한두 번은 매력적으로 보일 수도 있지만, 이런 말버릇이 자꾸 반복되면 거슬리게 마련이다. 따라서 좋은 버릇일지라도 너무 자주 반복하면 역효과를 내므로 주의해야 한다. 이러한 버릇은 스스로 판단하기가 어려운 일이므로 가족이나 친구, 동료들의 도움을 받는 것이 좋다.

　루이 14세가 젊었을 때의 일이다. 그에게는 신하들과 이야기를 나누면서 신하들의 옷소매에 달린 술을 뜯으며 재밌어하는 버릇이 있었다. 그것이 못마땅했던 한 신하가 하루는 루이 14세의 버릇을 고쳐주고자 전에 없이 아름다운 술을 단 옷을 입고 왕을 찾아갔다.

　대화를 나누는 동안 루이 14세는 버릇대로 신하의 옷소매를 잡아당겨 술을 뜯기 시작했다. 그 모습을 보던 신하도 자기 손으

로 다른 쪽 소매의 술을 뜯어냈다. 발밑에 뜯어놓은 술이 수북이 쌓이자, 신하는 씁쓸한 표정을 지으며 이렇게 말했다.

"폐하, 그다지 재미있는 것도 아니네요."

그 말을 들은 왕은 그제야 자신의 버릇을 깨달았고 이후부터 술을 뜯는 버릇이 없어졌다.

간혹 주변에서 보면 '아', '에', '그리고', '그런데', '쉽게 말해', '막말로' 등의 단어를 반복하여 사용하는 사람을 볼 수 있다. 실제로 어떤 사람은 자기 친구가 '그리고'라는 말을 자주 사용한다는 것을 알고 30분 동안 그 말을 몇 번이나 사용하는지 헤아려 보았더니 무려 58번이나 되었다고 한다.

똑같은 접속사가 계속 반복되면 듣는 사람은 답답함을 느끼게 되고, 결국 의사전달을 가로막게 되므로 주의해야 한다.

T 유형일까? F 유형일까?
대답도 요령껏!

아무리 까다로운 상대와 대화를 할지라도 상대방의 심리를 잘 파악한다면 어렵지 않게 원하는 결과를 얻을 수 있다. 사실 상대방의 심리를 파악하지 못하면 설득하기가 어려워진다.

예를 들어 감정적으로 반감을 가지고 있는 상대에게 논리적인 설득을 되풀이하는 것은 시간 낭비일 뿐이다. 록펠러는 이렇게 말했다.

"누군가가 자기 의견에 반대할 때는 먼저 그것이 감정적인 것인지, 아니면 이성적인 것인지를 간파해야 한다."

이성적일 때는 이성적으로, 그리고 감정을 내세워야 할 때는
감정적으로 대응하여 문제를 효과적으로 풀어내는 것이다.

오랫동안 전업주부로 집안에서 아이들 뒤치다꺼리를 해오던
한 여성이 양육 기간이 끝나자 직장을 구하기 위해 여기저기 이
력서를 냈다. 다행히 원하던 중소기업에서 비서 공개 채용을 실
시했고 그녀는 필기시험에 합격하였다. 면접은 생각보다 꼼꼼
하게 이뤄졌다. 그녀는 전업주부인데다 오랫동안 살림만 해왔던
터라 점점 자신감을 상실하고 있었는데, 그때 마침 면접시험을
보는 면접관의 옷차림새가 눈에 들어왔다. 여기서 용기를 얻은
그녀는 자기소개를 하라는 말에 자신 있게 이렇게 말했다.

"저는 성격이 깔끔한 편이라 사무실에 먼지 하나라도 날아다니지 않도록 할 생각입니다. 다른 점에서는 제가 부족한 것이 많지만, 부지런하다는 장점만큼은 저를 따라올 사람이 드물 것입니다."

물론 그녀는 합격했다. 그녀는 면접관의 옷차림새를 보고 상당히 깔끔한 사람이라는 인상을 받았고, 그가 무엇보다 중요시하는 것은 사무실 내부의 청결함이라 생각했다.

상대와 나를 잇는
교감의 다리

듣는 사람의 공감대를 끌어올릴 수 있는 좋은 방법은 서로의 공통점을 빨리 발견해 이야기를 나누는 것이다. 혈연, 지연, 학연 등 상대방과의 연결고리를 찾으면 한결 분위기가 부드러워지고 친근감이 든다.

영국 수상이던 해럴드 맥밀런은 인디애나주의 포우 대학 졸업식에서 축사를 맡게 되었다. 그는 간단한 인사와 더불어 다음과 같은 대화로 학생들과의 교감을 이뤄냈다.

"제 어머니는 인디애나주 출신이고 외할아버지는 포우 대학의 제1회 졸업생입니다. 저는 제가 포우 대학과 인연이 있으며, 오랜 가문의 전통을 이곳에서 세울 수 있게 되었다는 사실을 진심으로 자랑스럽게 생각합니다.”

이런 말은 직접적으로 포우 대학이 이뤄낸 다른 업적을 들춰내는 것보다 훨씬 효과적이다. 영국의 수상이 모교인 대학과 깊은 인연이 있다는 사실을 이야기하는 데 귀를 기울이지 않을 학생이 누가 있겠는가.

프랭클린 루즈벨트는 자신의 의견에 반대하는 사람을 다루는 기술을 잘 알고 있었다. 언젠가 한 의원이 중요한 법안에 대해 반대 의견을 피력하자, 루즈벨트는 그 의원의 취미를 조사해 그가 광적으로 우표를 수집하고 있다는 사실을 알아냈다.

루즈벨트는 법안을 투표에 붙이기 전날 저녁, 그 의원에게 전화를 걸었다.

“그동안 내가 수집해 놓은 우표를 정리하려고 하는데 우표에 대해 일가견이 있는 당신이 좀 도와주겠소?”

기분이 우쭐해진 그 의원은 즉시 달려왔고, 그들은 함께 이런저런 이야기를 나누며 우표를 함께 정리하였다.

그리고 그다음 날 법안에 그토록 반대하던 그 의원은 찬성표를 던졌다.

아무 말 대잔치보다
효과적인 침묵

*9

우리는 보통 모임이나 토론 장소에서 괜히 주눅이 들어 뭔가 한마디라도 해야 하는 게 아닌가 하고 눈치를 보게 될 때가 있다. 하지만 할 말이 없는데 애써 이야기를 꺼내면 군더더기의 말로 횡설수설하게 될 수 있다. 그럴 때는 차라리 침묵을 지키는 것이 낫다. 또한 대화 중에도 잠깐씩 침묵하면 집중력을 높일 수 있다. 음악에도 가락의 장단이 있듯 언어에도 가락이 필요한 것이다.

어느 대학의 한 수학 교수는 강의 중에 학생들이 지루해하는 기색이 엿보이면 잠시 분필을 놓고 창가로 다가가 창밖을 내다본다. 교수가 강의하다 말고 갑자기 침묵하면 학생들은 교수에게 관심을 집중할 수밖에 없다. 그런 다음 되돌아선 교수는 수학 문제가 아니라 재미있는 이야기를 들려준다. 수학과 전혀 상관없는 자신의 인생담을 들려주는 것이다.

숫자놀이에 지루해질 무렵, 소설 같은 이야기로 양념을 치니 어느 학생이 그런 교수를 좋아하지 않을 수 있겠는가. 대화도 마찬가지다. 계속 이야기를 한다고 해서 효과가 뛰어난 것이 아니다. 경우에 따라서는 오히려 침묵을 지키는 것이 더 효과적이다.

침묵으로 논쟁을 회피한 인물로는 인도의 영웅 간디를 들 수 있다. 그는 자신의 의사意思가 관철되지 않아도 정면으로 도전하거나 폭력으로 이기려 하지 않았다. 단지, 침묵과 단식투쟁으로 상대방을 굴복시켰다.

그는 월요일을 '침묵의 날'로 정해 그날이면 문밖에서 누군가가 그의 주의를 끌려고 아무리 고함을 질러도 묵묵부답이었다고 한다.

끝날 때까지
끝난 것이 아니다

커다란 목표나 꿈, 강한 성취동기를 지닌 사람은 자신의 꿈을 달성하기 위해 모든 유혹을 물리칠 수 있는 강력한 자기 통제력을 발휘할 수 있다. 자신이 무엇이 되고 싶은지에 대해 이상적인 자아를 확립하는 것이 자기 통제력 계발의 지름길이다.

1847년, 12살 때 부모를 따라 스코틀랜드에서 미국으로 이주한 소년이 있었다. 그가 전보 배달원으로 일하며 힘겨운 하루하루를 보내던 어느 날, 땀을 뻘뻘 흘리며 전보를 배달하자 그것을 받아든 수취인이 이렇게 말했다.

"참으로 총명하게 생겼구나. 지금은 이렇게 고생하면서 전보를 전달한다만 열심히 노력하는 것을 보니 언젠가는 모든 사람에게 희망을 전하는 인물이 될 수 있을 것 같구나."

그 말을 들은 소년은 갑자기 미래에 대한 비전과 확신이 생겼고, 이후에 산업 자본가로 대성하여 교육과 사회복지에 큰 기여를 했다. 그가 바로 앤드루 카네기다.

미국의 발명왕 에디슨은 한때, 자철광에서 철을 분리하는 사업을 벌인 적이 있다. 그런데 사업이 어느 정도 안정적인 기반을 닦을 무렵 미네소타주에서 철이 대량으로 생산되는 바람에 철값이 폭락해 버리고 말았다. 그 결과 8년 동안 심혈을 기울인 에디슨의 사업은 물거품이 되었고, 그때까지의 고생은 헛수고로 전락하고 말았다.

하지만 에디슨은 결코 좌절하지 않았고, '지금이 최악의 상태'라는 생각으로 다시 힘을 내 시멘트 사업에 뛰어들었다. 결국 성공한 에디슨은 후에 황량한 철광에 찾아가 이렇게 중얼거렸다.

"그때가 비록 최악의 상황이기는 했지만 더 이상 나빠지지 않을 것이라는 생각을 했기 때문에 재기할 수 있었던 것이다."

　더 이상 물러설 수 없는 궁지에 몰렸을 때, 남은 것은 앞으로 나아가는 것뿐이다. 그러므로 밤이 깊을수록 새벽이 가까워진다는 믿음으로 난관을 극복해 나가야 한다.

누구도 예상치 못할 말로
좌중을 압도하라

우리가 늘 보아오던 것도 발상의 전환을 이뤄 새롭게 제안하면 색다른 기분을 느낄 수 있다. 더욱이 상대가 예상지 않았던 일로 그를 즐겁게 하거나 마음을 끌어당긴다면 신선한 인상을 남길 수 있다. 예를 들면 늘 쓰던 호칭을 갑자기 친근감이 느껴지는 호칭으로 바꾼다거나 걸음걸이에 활력을 더해 힘차게 걸으면 기분까지 상쾌해진다.

아메리카 대륙을 발견한 콜럼버스가 본국으로 돌아오자, 대대적인 환영 행사가 벌어졌다. 그때 그의 성공을 시샘하던 어떤 사람이 콜럼버스를 보고 이렇게 말했다.

"대서양의 서쪽으로 계속 나아가면 아메리카 대륙에 닿는 것은 당연한 이치인데 뭘 그리 대단한 일을 했다고!"

그 말을 들은 콜럼버스는 아무런 대꾸도 하지 않고 테이블 위에 놓인 계란을 가리키며 말했다.

"당신은 이 계란을 테이블 위에 세울 수 있소?"

그러자 그것이 뭐가 어렵겠느냐는 듯 선뜻 계란을 들고 테이블로 다가와 열심히 세워보려 애쓰던 그는 아무리 노력해도 계란을 세울 수 없자 화를 내며 말했다.

"누구라도 이 계란을 세울 수는 없소."

그러자 콜럼버스는 계란을 집어 들고 테이블에 '탁' 쳐서 한쪽을 깨뜨렸다. 그리고 보란 듯이 계란을 세워 놓았다. 그 모습을 지켜보던 시샘 많은 그 남자가 빈정거리며 말했다.

"그런 식으로 못 세울 사람이 어디 있소?"

"당신은 방금 세울 수 있는 사람이 없다고 하지 않았소. 당신은 늘 남이 한 일에 대해서는 쉬운 일이라고 말하지만, 실제로 당신 자신이 하는 일은 아무것도 없지 않소. 신대륙의 발견도 이와 같은 것이오. 누가 먼저 생각해냈느냐가 문제지요."

빈정거리던 남자는 슬그머니 자리를 피하고 말았다.

지루한 대화를 타파하는
질문공략법

　우리는 간혹 재미있지도 흥미롭지도 않은 이야기를 가지고 지루하게 질질 끄는 사람을 만난다. 그런 사람들은 싫증이 나서 미치겠다는 표정을 지어도 아랑곳하지 않고 계속 이야기를 늘어놓는다. 더욱이 이야기하고자 하는 화제와 별로 관련도 없는 엉뚱한 이야기를 태연스럽게 계속한다.

　이런 사람들과 대화할 때는 상대방의 이야기를 잘 컨트롤할 수 있어야만 그 자리를 별 탈 없이 벗어날 수 있다. 그렇다고 대놓고 이야기를 중단시키거나 이야기의 잘못된 점을 지적한다면 대화가 중단되는 것은 물론이고 인간관계에 금이 갈 수도 있으므로 주의해야 한다. 이럴 경우에는 기회를 잘 포착하여 두 가지 방법을 사용하는 것이 좋다.

> 첫째, 다른 화제로 이야기의 초점이 옮겨가도록 한다.
> 둘째, 새로운 화제 제공을 위한 질문을 던진다.

문제는 어느 순간에 그 방법을 사용하느냐이다. 가장 좋은 것은 상대방이 잠시 숨을 돌리기 위해 이야기를 멈췄을 때 슬쩍 새로운 화제를 내미는 것이다.

> "화제를 바꿔서 미안하지만 ○○는 어때?"
> "그런데 말이야. 이런 경우에는 어떻게 하는 게 좋을까?"

이렇게 새로운 화제를 끄집어내는 질문을 하는 것도 좋다. 그러면 이쪽에서 자신의 말을 귀담아들었다고 착각한 상대방은 별다른 거리낌 없이 새로운 화제로 초점을 옮기게 된다.

어느 교사가 40여 명의 학생들을 데리고 야외수업을 위해 잔디밭으로 나갔다. 그리고 교사는 멀찌감치 떨어져 있고 학생들

스스로 안건을 정해 토론을 하도록 했다. 그런데 무슨 할 말이 그렇게 많은지 학생들이 저마다 한두 마디씩 두서없이 떠드는 통에 분위기가 시끌벅적했다. 보다 못한 교사가 사회를 보던 학생을 불러 질서를 잡아가도록 종용했지만, 어지러운 분위기는 쉽게 가라앉지 않았다.

바로 그때, 그 학급에서 말썽꾸러기로 소문난 한 학생이 벌떡 일어서더니 "아하!" 하고 크게 외쳤다.

아무 의미도 없는 감탄사가 울려 퍼지자 학생들은 일시에 입을 다물었고 시선은 모두 그 학생에게로 쏠렸다. 하지만 그 학생은 천연덕스럽게 시치미를 뚝 떼더니 사회자를 향해 찡끗 윙크하였다.

'그럴 수 있지'가 건네는
기분 좋은 매력

사람은 누구나 상대방으로부터 자신의 권위를 인정받으면 기분이 좋아지고, 그 보답으로 뭔가를 해주고 싶기 마련이다. 특히 '상대를 인정하는 것'은 회의감에 젖어 있거나 도전적인 목표를 찾고자 하는 사람을 더욱더 고무시키는 기폭제의 역할을 한다. 그러므로 대화를 통해 상대방으로부터 뭔가 기대하는 것이 있다면 우선 상대의 권위를 인정해 주는 것이 좋다. 사람은 자신을 인정해 주는 사람에게 솔깃해질 수밖에 없다.

실업가 데일 카네기가 뉴욕의 어느 호텔을 빌려 강습회를 개

최했을 때의 일이다. 그가 강습회를 개최한다는 광고와 티켓까지 발부하여 만반의 준비를 갖춘 어느 날, 갑자기 호텔 측으로부터 임대료를 3배 인상한다는 통지가 날아들었다. 사전에 연락을 준 것도 아니고, 이미 준비가 다 되어 있다는 것을 알 텐데 그야말로 어이없는 일이 아닐 수 없었다.

그러자 카네기는 곰곰이 생각에 잠겼다. 이런 상황에서 화를 내봤자 자신에게 아무런 득이 없을 것임을 잘 알고 있었기 때문이다. 그는 생각을 정리한 후에 호텔 지배인을 찾아갔다.

"통지서는 잘 받았습니다. 당신의 입장에서 생각해 본다면 호텔의 영업 이익을 위해 당연한 조처라고 할 수도 있는 일이더군요. 당신에게는 호텔의 수익이 무엇보다 중요할 테니까요. 하지만 제 입장에서 생각한다면 갑자기 3배를 올리는 건 상당히 부담스럽습니다. 해서 강습회를 포기할까 생각 중입니다.

물론 당신은 다른 모임을 유치하여 그 공백을 메울 수 있겠지요. 하지만 한 가지만 생각해 보십시오. 우리 강습회에 참가하는 사람들은 수준 높은 사람들이고 만약 당신이 1년에 5천 달러를 들여 광고한다고 하더라도 그들이 입소문으로 널리 알리는 수준은 따라오지 못할 것입니다. 광고 효과 면에서 본다면 강습회를 여는 것이 여러모로 이익이지요.”

다음 날, 호텔 측은 카네기에게 임대료를 종전의 50% 정도만 올리겠다고 통지하였다. 만약 카네기가 호텔 지배인을 찾아가 사정을 했다거나 화를 냈다면, 모든 일이 수포로 돌아갈 수도 있었지만, 카네기는 상대방을 ‘인정’하는 자세로 피해를 최소화한 것이다.

인간만이 가진
지상 최강 능력,
말하기

하루가 다르게 디지털 대전환이 일어나는 이 시기에도 말하기는 중요하다. 디지털 세상이 아무리 발전하더라도 다른 사람과의 관계에서 행복을 찾는 인간의 기본 속성은 바뀌지 않을 것이다. 거친 세상살이에서 다른 사람과 부딪치지 않고 살아갈 수는 없는 법이다. 이왕이면 청소년기에 말하기의 기본을 익히는 것이 좋다. 우리는 하루에도 수백에서 수천 마디의 말을 하고 산다. 일상적인 대화를 빼고, 상대방과 이해관계가 있는 토론, 격론 등을 할 때는 말의 표현에 따라 결과가 다른 양상으로 나타난다. 말을 잘한다는 것은 결국 '자신을 잘 표현한다'는 뜻이다.

현대 경영학의 아버지 피터 드러커는 "사람에게 가장 중요한 능력은 자기 표현력이다."라고 말했다. 자기 표현력이 뚜렷한 사람은 곧 능력이 있는 사람이고, 이런 사람이 조직에서 성공을 이룰 수 있다. 상대방 앞에서 우물쭈물하거나, 두루뭉술하고 긴가민가한 표현을 하는 사람은 신뢰도가 떨어지고 전달력이 미약하여 만족할 만한 어떤 성과도 이룰 수 없다.

말을 잘하는 사람은 그 말에 상대방을 위한 배려심이 있어 재치가 넘치고 사람을 즐겁게 하기도 한다. 또는 위기의 상황에서 놀랄만한 언변으로 주위 사람들을 압도하고 자신을 방어하는 무기로 삼기도 한다. 말할 기회가 주어졌을 때, 우물쭈물 넘겨버리는 사람보다야 재치 있게 받아치는 사람이 당연히 돋보일 수밖에 없다. 그만큼 말을 잘한다는 것은 자신을 지키는 인격이며, 교양이다.

촌철살인寸鐵殺人은 조그만 쇠붙이로 사람을 죽인다는 뜻으로,

간단한 말로도 남을 감동시키거나 약점을 찌를 수 있음을 이르는 말이다. 고려 서희 장군이 거란의 소손녕과 담판하여 강동 6주를 되찾은 것은 촌철살인의 대표적인 역사의 교훈이다.

촌철살인과 더불어 우리가 갖춰야 할 자세로는 잘 '듣는' 태도를 들 수 있다. 잘 듣지 않으면 상대방의 생각을 알 수 없고 그러면 적절한 대응이 불가능하다. 누구나 말을 잘하고 싶어 한다. 사람들의 공감대를 이끌어내고 '멋지다'는 말을 듣고 싶어 한다.

말하기 기술은 타고나는 것이 아니다. 충분한 독서와 꾸준한 메모 그리고 주어진 발언권을 활용하여 경험을 쌓는 노력을 통해 다질 수 있다. 세상에 저절로 이루어지는 것이 없다는 것을 인정한다면, 최소한의 노력은 기울일 각오를 해야 한다.

어차피 거친 세상살이를 하자면 사람들과 부딪치지 않을 수 없고, 이왕이면 청소년기부터 말 잘하기의 기본을 익혀 서서히 실천해 나가는 것이 좋다.

이 책에서 소개하는 내용은 그리 어렵지도 않고, 말 잘하기의 핵심 내용을 쏙쏙 집어주어 사례를 읽기 쉽게 설명하고 있기에 그대로 실천하기만 한다면 누구나 언변이 뛰어난 사람이 될 수 있다.

인생을 바꾸는 말 습관이 하루 아침에 생겨날 리 만무하다. 이 책을 한 번 읽고 치워 두는 것이 아니라 곁에 두고 반복해서 읽고 되새기다 보면, 풍요로운 삶으로 이끌 말 습관이 어느 순간 몸에 밸 것이다.

부드러운 말로 상대를 설득하지 못하는 사람은
거친 말로도 설득할 수 없다

안톤 체호프